Prions en Église

N°444

DU 1ER AU 31 DÉCEMBRE 2023

Notre couverture :

*« Et le Verbe
s'est fait chair,
il a habité parmi nous. »*

Miniature de la Nativité (1403). British Library, Londres (Royaume-Uni).

DÉCEMBRE 2023 SOMMAIRE

Prions avec les textes de la messe

DU 1ER AU 31 DÉCEMBRE 2023

Partagez vos intentions de prière

....

....

....

....

....

....

....

....

....

Envoyez vos intentions de prière à :
Prions en Église, Intentions de prière, 18 rue Barbès, 92128 Montrouge Cedex.
Elles seront portées par les lecteurs qui partent en pèlerinage en Terre sainte, du 23 mars au 1er avril 2024.

VENDREDI 1ER DÉCEMBRE 2023

34E SEMAINE DU TEMPS ORDINAIRE COULEUR LITURGIQUE : VERT

Temps ordinaire, *suggestion d'oraisons et d'antiennes n° 25*

Antienne d'ouverture

Je suis le salut de mon peuple, dit le Seigneur,
dans toutes les épreuves, s'il crie vers moi,
je l'exaucerai ; je serai son Seigneur pour toujours.

Prière

Seigneur Dieu, tu as voulu que toute la loi de sainteté consiste à t'aimer et à aimer son prochain : donne-nous de garder tes commandements, et de parvenir ainsi à la vie éternelle. Par Jésus… ***— Amen.***

Lecture

du livre du prophète Daniel (7, 2-14)

« Je voyais venir, avec les nuées du ciel, comme un Fils d'homme »

Daniel prit la parole et dit : « Au cours de la nuit, dans ma vision, je regardais. Les quatre vents du ciel soulevaient la grande mer. Quatre bêtes énormes sortirent de la mer, chacune différente des autres. La première ressemblait à un lion, et elle avait des ailes d'aigle. Tandis que je la regardais, ses ailes lui furent arrachées, et elle fut soulevée de terre et dressée sur ses pieds, comme un homme, et un cœur d'homme lui fut donné. La deuxième bête ressemblait à un ours ; elle était à moitié debout,

et elle avait trois côtes d'animal dans la gueule, entre les dents. On lui dit : "Lève-toi, dévore beaucoup de viande !" Je continuais à regarder : je vis une autre bête, qui ressemblait à une panthère ; et elle avait quatre ailes d'oiseau sur le dos ; elle avait aussi quatre têtes. La domination lui fut donnée. Puis, au cours de la nuit, je regardais encore ; je vis une quatrième bête, terrible, effrayante, extraordinairement puissante ; elle avait des dents de fer énormes ; elle dévorait, déchiquetait et piétinait tout ce qui restait. Elle était différente des trois autres bêtes, et elle avait dix cornes. Comme je considérais ces cornes, il en poussa une autre, plus petite, au milieu ; trois des premières cornes furent arrachées devant celle-ci. Et cette corne avait des yeux comme des yeux d'homme, et une bouche qui tenait des propos délirants.

« Je continuai à regarder : des trônes furent disposés, et un Vieillard prit place ; son habit était blanc comme la neige, et les cheveux de sa tête, comme de la laine immaculée ; son trône était fait de flammes de feu, avec des roues de feu ardent. Un fleuve de feu coulait, qui jaillissait devant lui. Des milliers de milliers le servaient, des myriades de myriades se tenaient devant lui. Le tribunal prit place et l'on ouvrit des livres. Je regardais, j'entendais les propos délirants que vomissait la corne. Je regardais, et la bête fut tuée, son cadavre fut jeté au feu. Quant aux autres bêtes, la domination leur fut retirée, mais une prolongation de vie leur fut donnée, pour une période et un temps déterminés. Je regardais, au cours des visions de la nuit, et je voyais venir, avec les nuées du ciel, comme un Fils d'homme ; il parvint jusqu'au Vieillard, et on le fit avancer devant lui. Et il lui fut donné domination, gloire et royauté ; tous les peuples, toutes les nations et les gens de toutes langues le servirent. Sa domination est une domination éternelle, qui ne passera pas, et sa royauté, une royauté qui ne sera pas détruite. » – Parole du Seigneur.

Cantique Daniel 3, 75, 76, 77, 78, 79, 80, 81

℟ ***À lui, haute gloire, louange éternelle !***

Et vous, montagnes et collines,
bénissez le Seigneur. ℟

Et vous, les plantes de la terre,
bénissez le Seigneur. ℟

Et vous, océans et rivières,
bénissez le Seigneur. ℟

Et vous, sources et fontaines,
bénissez le Seigneur. ℟

Baleines et bêtes de la mer,
bénissez le Seigneur. ℟

Vous tous, les oiseaux dans le ciel,
bénissez le Seigneur. ℟

Vous tous, fauves et troupeaux,
bénissez le seigneur. ℟

Acclamation de l'Évangile

Alléluia. Alléluia. Redressez-vous et relevez la tête, car votre rédemption approche. ***Alléluia.***

VENDREDI 1ER DÉCEMBRE 2023

Évangile de Jésus Christ

selon saint Luc (21, 29-33)

« Lorsque vous verrez arriver cela, sachez que le royaume de Dieu est proche »

En ce temps-là, Jésus dit à ses disciples cette parabole : « Voyez le figuier et tous les autres arbres. Regardez-les : dès qu'ils bourgeonnent, vous savez que l'été est tout proche. De même, vous aussi, lorsque vous verrez arriver cela, sachez que le royaume de Dieu est proche. Amen, je vous le dis : cette génération ne passera pas sans que tout cela n'arrive. Le ciel et la terre passeront, mes paroles ne passeront pas. »

Prière sur les offrandes

Reçois favorablement, nous t'en prions, Seigneur, les dons présentés par ton peuple : que tous obtiennent par tes sacrements ce qu'ils proclament dans la ferveur de la foi. Par le Christ, notre Seigneur. ***— Amen.***

Antienne de la communion

Toi, tu promulgues des préceptes
à observer entièrement.
Puissent mes voies s'affermir
à observer tes commandements !
(Ps 118, 4-5)

OU

Je suis le bon pasteur, dit le Seigneur,
je connais mes brebis,
et mes brebis me connaissent.
(Jn 10, 14)

Prière après la communion

Dans ta bonté, Seigneur, fais que ton aide soutienne toujours ceux que tu as nourris de tes sacrements, afin qu'ils puissent, dans ces mystères et par toute leur vie, recueillir les fruits de la rédemption. Par le Christ, notre Seigneur. — ***Amen.***

INVITATION

Nous approchons du temps de l'Avent. Je peux préparer une couronne et quatre bougies pour faire monter la lumière du Sauveur.

COMMENTAIRE

Jeunes pousses du Royaume Luc 21, 29-33

« Vous aussi, lorsque vous verrez arriver cela, sachez que le royaume de Dieu est proche », nous dit Jésus. Qu'il est difficile, pourtant, de percevoir jour après jour ces signes du Royaume qui vient. Les bruits du monde et les parfums de scandales qui s'exhalent de l'Église nous étouffent et, parfois, nous découragent. Relevons la tête pour contempler le figuier : même sur les arbres malades et fatigués de nos vies, de nos communautés et de nos sociétés, des bourgeons finissent toujours par éclore ! ■

Bertrand Lesoing*, prêtre de la communauté Saint-Martin*

SAMEDI 2 DÉCEMBRE 2023

34E SEMAINE DU TEMPS ORDINAIRE COULEUR LITURGIQUE : VERT

Temps ordinaire, *suggestion d'oraisons et d'antiennes n° 26*
ou **bienheureuse Vierge Marie,** *voir p. 23*

Antienne d'ouverture

Tout ce que tu nous as infligé, Seigneur, tu l'as fait par un jugement de vérité, car nous avons péché contre toi, nous n'avons pas obéi à tes commandements ; mais glorifie ton nom, et agis envers nous selon l'abondance de ta miséricorde. (cf. Dn 3, 31.29.30.43.42)

Prière

Seigneur Dieu, quand tu pardonnes et prends pitié, tu manifestes au plus haut point ta toute-puissance ; multiplie pour nous les dons de ta grâce : alors, en nous hâtant vers les biens que tu promets, nous aurons part au bonheur du ciel. Par Jésus… ***— Amen.***

Lecture

du livre du prophète Daniel (7, 15-27)

« La royauté, la domination et la puissance sont données au peuple des saints du Très-Haut »

Moi, Daniel, j'avais l'esprit angoissé, car les visions que j'avais me bouleversaient. Je m'approchai de l'un de ceux qui entouraient le Trône, et je l'interrogeai sur la vérité de tout cela. Il me répondit et me révéla l'interprétation : « Ces bêtes énormes, au nombre de quatre, ce sont quatre rois qui surgiront de la terre. Mais ce sont les saints du Très-Haut qui recevront la royauté et la posséderont pour toute l'éternité. » Puis je l'interrogeai sur la quatrième bête, qui était différente de toutes les autres, cette bête terriblement puissante, avec ses dents de fer et ses griffes de bronze, qui dévorait, déchiquetait et piétinait tout ce qui restait. Je l'interrogeai sur les dix cornes de sa tête, et sur cette corne qui lui avait poussé en faisant tomber les trois autres devant elle – cette corne qui avait des yeux, et une bouche qui tenait des propos délirants – cette corne qui était plus imposante que les autres. Je l'avais vue faire la guerre aux saints et l'emporter sur eux, jusqu'à la venue du Vieillard qui avait prononcé le jugement en faveur des saints du Très-Haut, et le temps était arrivé où les saints avaient pris possession de la royauté. À ces questions, il me fut répondu : « La quatrième bête, c'est un quatrième royaume sur la terre, qui sera différent de tous les royaumes. Il dévorera toute la terre, la piétinera et l'écrasera. Les dix cornes, ce sont dix rois qui surgiront de ce royaume-là. Un autre roi surgira ensuite ; il sera différent des précédents, et il renversera trois rois. Il prononcera des paroles hostiles au Très-Haut, il persécutera les saints du Très-Haut, et il entreprendra de changer la date des fêtes et la Loi. Les saints seront livrés à son pouvoir pendant un temps, des temps, et la moitié d'un temps. Puis le tribunal siégera, et la domination sera enlevée à ce royaume, qui sera détruit et totalement anéanti. La royauté, la domination et la puissance de tous les royaumes de la terre sont données au peuple des saints du Très-Haut. Sa royauté est une royauté éternelle, et tous les empires le serviront et lui obéiront. » – Parole du Seigneur.

Cantique Daniel 3, 82, 83, 84, 85, 86, 87

℟ ***À lui, haute gloire, louange éternelle !***

Et vous, les enfants des hommes,
bénissez le Seigneur. ℟

Toi, Israël, bénis le Seigneur. ℟

Et vous, les prêtres, bénissez le Seigneur. ℟

Vous, ses serviteurs, bénissez le Seigneur. ℟

Les esprits et les âmes des justes,
bénissez le Seigneur. ℟

Les saints et les humbles de cœur,
bénissez le Seigneur. ℟

Acclamation de l'Évangile

Alléluia. Alléluia. Restez éveillés et priez en tout temps : ainsi vous pourrez vous tenir debout devant le Fils de l'homme. ***Alléluia.***

Évangile de Jésus Christ

selon saint Luc (21, 34-36)

« Restez éveillés et priez en tout temps : ainsi vous aurez la force d'échapper à tout ce qui doit arriver »

En ce temps-là, Jésus disait à ses disciples : « Tenez-vous sur vos gardes, de crainte que votre cœur ne s'alourdisse dans les beuveries, l'ivresse et les soucis de la vie, et que ce jour-là ne tombe sur vous à l'improviste comme un filet ; il s'abattra, en effet, sur tous les habitants de la terre entière. Restez éveillés* et priez en tout temps : ainsi vous aurez la force d'échapper à tout ce qui doit arriver, et de vous tenir debout devant le Fils de l'homme. »

Prière sur les offrandes

Dieu de miséricorde, nous t'en prions, accueille cette offrande que nous te présentons : qu'elle ouvre largement pour nous la source de toute bénédiction. Par le Christ, notre Seigneur. **— *Amen.***

Antienne de la communion

Rappelle-toi ta parole à ton serviteur,
Seigneur, celle dont tu fis
mon espoir. Elle est ma consolation
dans mon épreuve. (Ps 118, 49-50)

OU

Voici comment nous avons reconnu
l'amour : lui, Jésus, a donné sa vie
pour nous. Nous aussi, nous devons
donner notre vie pour nos frères.
(1 Jn 3, 16)

Prière après la communion

Que le sacrement du ciel, Seigneur, guérisse nos esprits et nos corps, afin qu'annonçant la mort du Christ et participant à ses souffrances, nous héritions avec lui de sa gloire. Lui qui…
— *Amen.*

INVITATION

« Restez éveillés et priez en tout temps. » Je choisis un événement ou une personne pour qui je vais prier aujourd'hui.

COMMENTAIRE

Debout, les cœurs !

Luc 21, 34-36

« Debout devant le Fils de l'homme », c'est ainsi que le Seigneur veut nous trouver. Nul besoin pour cela d'être en parfaite santé. Être debout n'est pas d'abord affaire de posture physique, mais de disposition du cœur. Le chrétien debout est un chrétien libre, responsable de ses faits et gestes, ouvert au dialogue, à la confrontation de points de vue différents, et toujours animé du feu de la charité ! ■

***Bertrand Lesoing**, prêtre de la communauté Saint-Martin*

❊ CLÉ DE LECTURE

« Restez éveillés »

Luc 21, 36 *(p. 20)*

En utilisant le codage, l'écriture apocalyptique piège souvent son lecteur. Il est tenté de chercher dans l'histoire les éléments permettant d'interpréter chaque image, quitte à arranger la réalité historique (ici les empires babylonien, mède, perse et les rois grecs successeurs d'Alexandre jusqu'à Antiochus IV contre lequel les Juifs se sont soulevés). Mais le but est autre et la leçon doit être cherchée ailleurs. D'autres empires viendront, tout aussi violents. Luc l'a bien compris, il se débarrasse du lourd appareil de codage et ne garde que l'image expressive du filet qui s'abat : l'urgence traverse ces quelques versets qui appellent à la vigilance et à la prière. Dans les tourments de l'histoire, que le croyant tienne ferme dans la foi ! ■

***Roselyne Dupont-Roc**, bibliste*

Bienheureuse Vierge Marie

Couleur liturgique : blanc ou vert

Les samedis du temps ordinaire sans mémoire obligatoire, on peut faire mémoire de la Vierge Marie, selon une tradition qui honore la foi et l'espérance sans défaut de Marie le Samedi saint.

Antienne d'ouverture

Bienheureuse es-tu, Vierge Marie :
tu as porté le Créateur de l'univers,
tu as mis au monde celui qui t'a faite,
et tu demeures toujours vierge.

Prière

Dieu de miséricorde, viens au secours de notre faiblesse : puisque nous faisons mémoire de la sainte Mère de Dieu, fais que, soutenus par son intercession, nous soyons relevés de nos péchés. Par Jésus Christ… **— *Amen.***

OU

Que vienne à notre aide, Seigneur, nous t'en prions, l'admirable intercession de la bienheureuse Marie toujours vierge ; qu'elle nous obtienne la joie de vivre dans la paix que tu nous donnes, délivrés de tout péril. Par Jésus Christ… **— *Amen.***

Prière sur les offrandes

En rendant hommage à la Mère de ton Fils, Seigneur, nous te supplions : que le sacrifice offert en ce jour fasse de nous, par le don de ta grâce, une éternelle offrande à ta gloire. Par le Christ, notre Seigneur. **— *Amen.***

Préface de la Vierge Marie, p.245.

Antienne de la communion

Le Puissant fit pour moi des merveilles ;
Saint est son nom. (Lc 1, 49)

Prière après la communion

Tu nous as fait participer à la rédemption éternelle, et nous te prions, Seigneur : alors que nous faisons mémoire de la Mère de ton Fils, comble-nous de la plénitude de ta grâce, et fais-nous éprouver toujours davantage les effets du salut. Par le Christ, notre Seigneur. **— *Amen.***

DIMANCHE 3 DÉCEMBRE 2023

1ER DIMANCHE DE L'AVENT

ANNÉE B – COULEUR LITURGIQUE : VIOLET

« C'est comme un homme parti en voyage. »

Marc 13, 34

L'arrivée d'un enfant, cela se prépare. Dans quelques semaines, nous fêterons la naissance de Jésus, notre Dieu. En veillant jour après jour, dans la prière, dans l'écoute de la Parole, nous laissons grandir en nous le désir que Dieu prenne davantage de place dans nos vies, nos familles, nos amitiés, au travail et dans nos loisirs. Avec un émerveillement renouvelé, faisons place en nous pour Dieu.

RITES INITIAUX

Chant d'entrée *(Suggestions p. 264)*

OU

Antienne d'ouverture

Vers toi, Seigneur, j'élève mon âme.
Mon Dieu, je m'appuie sur toi : épargne-moi la honte ;
ne laisse pas triompher mon ennemi.
Pour qui espère en toi, pas de honte. (cf. Ps 24, 1-3)

Suggestion de préparation pénitentielle *(ou p. 236)*

Frères et sœurs, en ce jour où nous sommes invités à veiller et à attendre avec foi la venue du Seigneur, préparons-nous à célébrer le mystère de l'eucharistie, en reconnaissant que nous avons péché.

Prends pitié de nous, Seigneur, toi qui nous connais, toi qui nous façonnes jour après jour.

— Nous avons péché contre toi.

Montre-nous, ô Jésus, ta miséricorde, toi qui nous fais vivre, toi qui nous soutiens au fil des jours.

— Et donne-nous ton salut.

Que Dieu tout-puissant nous fasse miséricorde ; qu'il nous pardonne nos péchés et nous conduise à la vie éternelle. ***— Amen.***

Pendant l'Avent, on omet le Gloire à Dieu.

Prière

Donne à tes fidèles, Dieu tout-puissant, la volonté d'aller par les chemins de la justice à la rencontre de celui qui vient, le Christ, afin qu'ils soient admis à sa droite et méritent d'entrer en possession du royaume des Cieux. Par Jésus… — ***Amen.***

LITURGIE DE LA PAROLE

Lecture du livre du prophète Isaïe (63, 16b-17.19b ; 64, 2b-7)

« Ah ! Si tu déchirais les cieux, si tu descendais ! »

C'est toi, Seigneur, notre père ; « Notre-rédempteur-depuis-toujours », tel est ton nom. Pourquoi, Seigneur, nous laisses-tu errer hors de tes chemins ? Pourquoi laisser nos cœurs s'endurcir et ne plus te craindre ? Reviens, à cause de tes serviteurs, des tribus de ton héritage. Ah ! Si tu déchirais les cieux, si tu descendais, les montagnes seraient ébranlées devant ta face.

Voici que tu es descendu : les montagnes furent ébranlées devant ta face. Jamais on n'a entendu, jamais on n'a ouï dire, nul œil n'a jamais vu un autre dieu que toi agir ainsi pour celui qui l'attend. Tu viens rencontrer celui qui pratique avec joie la justice, qui se souvient de toi en suivant tes chemins. Tu étais irrité, mais nous avons encore péché, et nous nous sommes égarés. Tous, nous étions comme des gens impurs, et tous nos actes justes n'étaient que linges souillés. Tous, nous étions desséchés comme des feuilles,

et nos fautes, comme le vent, nous emportaient. Personne n'invoque plus ton nom, nul ne se réveille pour prendre appui sur toi. Car tu nous as caché ton visage, tu nous as livrés au pouvoir de nos fautes. Mais maintenant, Seigneur, c'est toi notre père. Nous sommes l'argile, c'est toi qui nous façonnes : nous sommes tous l'ouvrage de ta main.
– Parole du Seigneur.

Psaume 79 (80)

℟ ***Dieu, fais-nous revenir ; que ton visage s'éclaire,***
et nous serons sauvés !

T. : AELF ; M. : B. Delattre ; Éd. : ADF.

℟ ***Dieu, fais-nous revenir; que ton visage s'éclaire, et nous serons sauvés !***

Berger d'Israël, écoute,
resplendis au-dessus des Kéroubim !
Réveille ta vaillance
et viens nous sauver. ℟

Retrouvez ce psaume sur le CD "Les psaumes de l'année B"

Dieu de l'univers, reviens !
Du haut des cieux, regarde et vois :
visite cette vigne, protège-la,
celle qu'a plantée ta main puissante. ℟

Que ta main soutienne ton protégé,
le fils de l'homme qui te doit sa force.
Jamais plus nous n'irons loin de toi :
fais-nous vivre et invoquer ton nom ! ℟

Lecture de la première lettre de saint Paul apôtre aux Corinthiens (1, 3-9)

Nous attendons de voir se révéler notre Seigneur Jésus Christ

Frères, à vous, la grâce et la paix, de la part de Dieu notre Père et du Seigneur Jésus Christ. Je ne cesse de rendre grâce à Dieu à votre sujet, pour la grâce qu'il vous a donnée dans le Christ Jésus; en lui vous avez reçu toutes les richesses, toutes celles de la parole et de la connaissance de Dieu. Car le témoignage rendu au Christ

s'est établi fermement parmi vous. Ainsi, aucun don de grâce ne vous manque, à vous qui attendez de voir se révéler notre Seigneur Jésus Christ. C'est lui qui vous fera tenir fermement jusqu'au bout, et vous serez sans reproche au jour de notre Seigneur Jésus Christ. Car Dieu est fidèle, lui qui vous a appelés à vivre en communion avec son Fils, Jésus Christ notre Seigneur. – Parole du Seigneur.

Acclamation de l'Évangile

Alléluia. Alléluia. Fais-nous voir, Seigneur, ton amour, et donne-nous ton salut. ***Alléluia.***

T. : AELF ; M. : P. Robert.

Évangile de Jésus Christ selon saint Marc (13, 33-37)

« Veillez, car vous ne savez pas quand vient le maître de la maison »

En ce temps-là, Jésus disait à ses disciples : « Prenez garde, restez éveillés : car vous ne savez pas quand ce sera le moment. C'est comme un homme parti en voyage : en quittant sa maison, il a donné tout pouvoir à ses serviteurs, fixé à chacun son travail, et demandé au portier de veiller. Veillez donc, car vous ne savez pas quand vient le maître de la maison, le soir ou à minuit, au chant du coq ou le matin ; s'il arrive à l'improviste, il ne faudrait pas qu'il vous trouve endormis. Ce que je vous dis là, je le dis à tous : Veillez ! »

Homélie

Profession de foi (p. 239)

Suggestion de prière universelle

Le prêtre : Aujourd'hui, nous entrons dans le temps de l'Avent. Avec une grande espérance, tournons-nous vers Dieu notre Père et confions-lui toutes nos intentions.

℟ ***Seigneur, entends la prière qui monte de nos cœurs.***

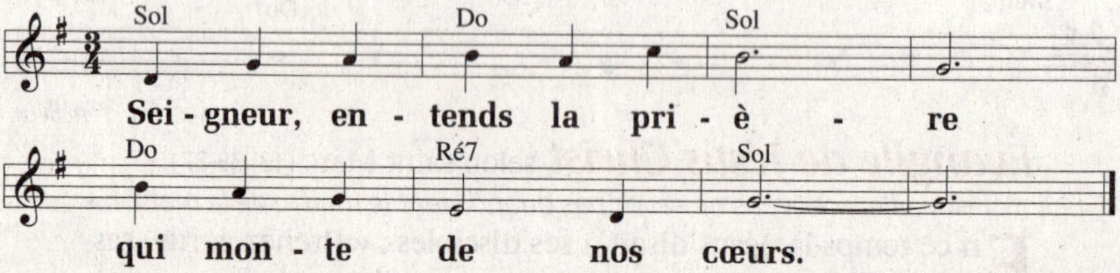

ADF ; T. : B. Gschwind ; M. : M. Wackenheim.

Le diacre ou un lecteur :

Béni sois-tu, Père, pour le temps de l'Avent, durant lequel nous nous préparons à fêter la naissance de ton Fils. Que tous les chrétiens creusent en eux le désir de la Bonne Nouvelle. Ensemble, prions. ℟

Béni sois-tu, Père, pour les personnes en situation de handicap qui participent activement à la vie de la société. Que les politiciens promeuvent des mesures pour faciliter cette inclusion. Avec le pape François, ensemble prions. ℟

Béni sois-tu, Père, pour celles et ceux qui veillent auprès des personnes malades, des personnes alitées dans les hôpitaux ou en résidences. Qu'ils apportent joie et espérance aux plus fragiles. Ensemble, prions. ℟

Béni sois-tu, Dieu, pour les moines et les moniales qui veillent, même la nuit, pour tous les habitants de la terre. Soutiens-les dans leur lumineuse mission d'intercession. Ensemble, prions. ℟

(Ces intentions seront adaptées ou modifiées selon les circonstances.)

Le prêtre :

Dieu notre Père, toi qui veilles sur chacun de tes enfants, écoute toutes nos prières, par le Christ, notre Seigneur. ***— Amen.***

LITURGIE EUCHARISTIQUE

Prière sur les offrandes

Nous t'offrons, Seigneur, ces dons prélevés sur les bienfaits reçus de toi : nous t'en prions, accueille-les ; puisse la célébration fervente, que tu nous donnes d'accomplir dans le temps présent, nous obtenir la rédemption éternelle. Par le Christ, notre Seigneur. – ***Amen.***

Prière eucharistique *(1re préface de l'Avent,* *p. 242)*

Chant de communion (Suggestions p. 264)

OU

Antienne de la communion

Le Seigneur donnera ses bienfaits,
et notre terre donnera son fruit.
(Ps 84, 13)

Prière après la communion

Nous t'en prions, Seigneur, fais fructifier en nous les mystères que nous avons célébrés : tandis que nous marchons dans ce monde qui passe, tu nous enseignes par eux à aimer dès maintenant les biens du ciel, et à nous attacher à ceux qui demeurent. Par le Christ, notre Seigneur. – ***Amen.***

RITE DE CONCLUSION

Bénédiction solennelle

Vous croyez que le Fils unique de Dieu est déjà venu, et vous attendez qu'il vienne de nouveau ; à la clarté de son avènement, que Dieu tout-puissant, dans sa miséricorde, vous sanctifie et vous comble de sa bénédiction.

— Amen.

Dans le combat de cette vie, qu'il rende ferme votre foi, joyeuse, votre espérance, efficace, votre charité.

— Amen.

La venue prochaine de notre Rédempteur selon la chair vous procure déjà une joie spirituelle ; lors de son avènement dans la gloire, qu'il vous donne la récompense de la vie éternelle.

— Amen.

Et que la bénédiction de Dieu tout-puissant, le Père, et le Fils, + et le Saint-Esprit, descende sur vous et y demeure toujours.

— Amen.

Envoi

COMMENTAIRE DU DIMANCHE

Karem Bustica, rédactrice en chef de *Prions en Église*

Le temps de l'attente

Ce dimanche marque le commencement d'une nouvelle année liturgique ainsi que le début de la période de l'Avent. L'Avent est un temps de joie. La liturgie nous invite à renouveler notre foi en Jésus Christ, la lumière du monde.

Se réjouir. Jésus Christ vient éclairer les ténèbres spirituelles de toute la Création. La première bougie allumée sur la couronne de l'Avent symbolise cette joie : celle de dire merci, celle de reconnaître ce que Dieu a fait pour nous, celle de partager notre espérance avec ceux qui en manquent...

Attendre. Les lectures bibliques de l'Avent mettent en lumière les prophéties de l'Ancien Testament qui annoncent la venue du Messie. Dieu dit, et Dieu fait. La naissance de Jésus accomplit ces prophéties. Notre préparation spirituelle à Noël peut s'inspirer

de la lecture des prophètes et du service des personnes les plus pauvres. Car l'attente n'est pas un concept mais une attitude fondamentalement concrète, vécue dans la prière et la présence gratuite auprès de ceux qui en ont besoin autour de nous.
Veiller. Dans les semaines qui viennent, nous sommes encouragés à nous tourner vers l'avenir avec confiance. Dieu, qui a tenu ses promesses par le passé, continuera de le faire. L'attente est comme un état d'esprit par lequel nous ravivons notre désir de veiller jusqu'à la venue ultime du Christ.

Comment vais-je donner du sens à ma marche vers Noël ?
Que signifie pour moi « veiller » dans la foi ?
Quelle est mon espérance en ce début du temps de l'Avent ? ■

Prions en Église Junior

LIRE L'ÉVANGILE AVEC LES ENFANTS

CE QUE JE DÉCOUVRE

Jésus demande à ses disciples de « veiller ».
Personne ne connaît le jour de sa venue.
C'est pourquoi il est important de rester attentifs pour le reconnaître lorsqu'il reviendra.
Aujourd'hui commence le temps de l'Avent. L'Église invite tous les chrétiens à veiller, c'est-à-dire à se préparer à la naissance de Jésus.

CE QUE JE VIS

Qu'est-ce que « veiller » veut dire pour toi ?
Quels sont les signes que Jésus te donne ?
Ouvre la fenêtre de ta chambre. Regarde au loin et offre à Dieu l'amour qu'il a mis dans ton cœur.

Texte : Karem Bustica. Illustrations : Marcelino Truong

MÉDITATION BIBLIQUE

1ER DIMANCHE DE L'AVENT

Évangile selon saint Marc 13, 33-37

« Veillez ! »

La porte de la rencontre peut s'ouvrir à tout instant, il s'agit d'être vigilant pour coopérer, participer, au projet de Dieu.

Le temps de la préparation

« Du haut des cieux, regarde et vois : visite cette vigne, protège-la, celle qu'a plantée ta main puissante, le rejeton qui te doit sa force. » (Ps 79, 15-16)

Le temps de l'observation

Veiller, c'est coopérer à la rencontre. La demande est adressée à tous, sans limite semble-t-il. Les disciples l'entendront-ils plus clairement que les autres ? Ce n'est même pas sûr. « Veillez ! » Qu'est-ce que cela peut bien signifier ? L'exemple de la parabole est celui d'un serviteur en charge de garder la maison au moment où le maître s'en éloigne. L'histoire n'insiste pas sur le risque de vol ou d'intrusion mais sur le risque d'endormissement, voire d'engourdissement de celui qui, un jour, s'est mis au service du maître. Pourquoi le serviteur dort-il ? Il dort parce qu'il ne comprend pas son rôle ou sa mission, parce qu'il fait passer son confort avant l'appel qu'il a •••

... un jour entendu. Il dort peut-être pour oublier qu'il ne se pense pas à la hauteur. Son sommeil le coupe du chant du coq ou de la vue des étoiles. Le risque n'est pas tant que quelqu'un pénètre dans la maison que celui de rater l'instant de la rencontre.

Le temps de la méditation

Alors que le texte d'Isaïe insiste sur le fait que l'humain est un terreux, un être capable d'être modelé par Dieu, l'évangile du jour apporte un complément d'information. Il revient à l'être humain de participer à cette entreprise de création. Si Dieu façonne en continu les êtres que nous sommes, c'est la personne qui permet, collabore, participe à cette création. C'est elle qui prend appui sur Dieu pour exister. La création de notre personne ne se fait pas sans nous, c'est-à-dire sans notre accord, notre volonté ou notre conscience. L'éveil ou le réveil disent la volonté de participer à ce projet et d'en profiter au maximum. Les propos de Jésus ne sont pas des menaces de représailles mais une demande pressante de ne pas fuir dans ses pensées, s'endormir sur ses lauriers ou végéter. Veiller, c'est ne rien rater des moments simples ou extraordinaires, des instants agréables ou douloureux de sa vie qui deviennent ainsi des moments de rencontre.

Le temps de la prière

« Que ta main soutienne ton protégé, le fils de l'homme qui te doit sa force. Jamais plus nous n'irons loin de toi : fais-nous vivre et invoquer ton nom ! » (Ps 79, 18-19) ■

Marie-Laure Durand, bibliste

PARTAGE BIBLIQUE

Environ 45 minutes

Une bible ou Prions en Église, *page 28*

« VOUS QUI ATTENDEZ DE VOIR SE RÉVÉLER NOTRE SEIGNEUR JÉSUS CHRIST » (1 CO 1, 3-9)

Lire

Partons à la découverte de cette toute jeune communauté de Corinthe à laquelle Paul s'adresse pour la première fois.

Comprendre le texte

La communauté chrétienne de Corinthe, qui a à peine cinq ans d'existence, est fière d'un savoir nouveau sur Dieu, d'une sagesse qui dépasse celle du monde ambiant, d'une libération des préjugés païens. Quelle promotion religieuse et culturelle pour ces gens en général de condition modeste ! Chacun a son mot à dire et veut choisir son camp, son appartenance au chef de file des conceptions de son choix. Au milieu de cette communauté divisée, Paul va planter la croix de Jésus. Paul est à Éphèse quand il rédige cette lettre avant la fête de la Pentecôte de l'an 55. La lettre suit le canevas des lettres de l'époque : l'adresse (versets 1 et 2), la salutation (v. 3), la •••

PARTAGE BIBLIQUE (SUITE) VOUS QUI ATTENDEZ DE VOIR SE RÉVÉLER NOTRE SEIGNEUR JÉSUS CHRIST (1 CO 1, 3-9)

••• prière d'action de grâce (4-9) qui est une addition de Paul; de telles prières sont rares dans les lettres de l'époque. Nous ne sommes pas seuls. Nous sommes appelés par grâce à la communion de son Fils Jésus Christ notre Seigneur. Les quatre titres ou noms du Seigneur contenus dans ce dernier verset caractérisent la communion à laquelle Dieu nous a appelés. En la vivant pratiquement, nous nous garderons de la conformité à ce monde, comme de tout égoïsme.

Partager

- En quoi est-ce que je me sens concerné par la vie de l'Église ?
- Quelles sont les forces et les faiblesses de ma communauté ecclésiale ?
- Ma foi en l'Église donne-t-elle un sens à ma vie ?
- Quelle place revêt le Christ dans mes engagements d'Église ?

Prier

Nous confions à Dieu nos paroisses et communautés ecclésiales. Nous prenons le chant : *Peuples, criez de joie* (voir p. 271). ■

Sylvain Gasser, prêtre assomptionniste

LUNDI 4 DÉCEMBRE 2023

1RE SEMAINE DE L'AVENT COULEUR LITURGIQUE : VIOLET

Temps de l'Avent, *messe de la férie*
ou **saint Jean de Damas**

3 - 9

Antienne d'ouverture

Écoutez, nations, la parole du Seigneur ! Annoncez-la jusqu'aux extrémités de la terre : « Voici notre Sauveur qui vient, ne craignez plus. » (cf. Jr 31, 10 ; Is 35, 4)

Prière

Seigneur notre Dieu, nous t'en prions : accorde-nous d'attendre sans faiblir la venue de ton Fils, pour qu'au jour où il viendra frapper à notre porte, il nous trouve vigilants dans la prière, joyeux de chanter sa louange. Lui qui… — ***Amen.***

Lecture

du livre du prophète Isaïe (2, 1-5)

Le Seigneur rassemble toutes les nations dans la paix éternelle du royaume de Dieu

Parole d'Isaïe, – ce qu'il a vu au sujet de Juda et de Jérusalem. Il arrivera dans les derniers jours que la montagne de la maison du Seigneur se tiendra plus haut que les monts, s'élèvera au-dessus des collines. Vers elle, afflueront toutes les nations et viendront des peuples nombreux. Ils diront : « Venez ! montons à la montagne du Seigneur, à la maison du Dieu de Jacob ! Qu'il nous enseigne ses chemins, et nous irons par ses sentiers. » Oui, la loi sortira de Sion, et de Jérusalem, la parole du Seigneur.

Il sera juge entre les nations et l'arbitre de peuples nombreux. De leurs épées, ils forgeront des socs, et de leurs lances, des faucilles. Jamais nation contre nation ne lèvera l'épée ; ils n'apprendront plus la guerre. Venez, maison de Jacob ! Marchons à la lumière du Seigneur. – Parole du Seigneur.

Psaume 121 (122)

℟ ***Dans la joie, nous irons à la maison du Seigneur.***

Quelle joie quand on m'a dit :
« Nous irons à la maison du Seigneur ! »
Maintenant notre marche prend fin
devant tes portes, Jérusalem ! ℟

Jérusalem, te voici dans tes murs :
ville où tout ensemble ne fait qu'un !
C'est là que montent les tribus,
les tribus du Seigneur. ℟

C'est là qu'Israël doit rendre grâce
au nom du Seigneur ;
c'est là le siège du droit,
le siège de la maison de David. ℟

Appelez le bonheur sur Jérusalem :
« Paix à ceux qui t'aiment !
Que la paix règne dans tes murs,
le bonheur dans tes palais ! » ℟

À cause de mes frères et de mes proches,
je dirai : « Paix sur toi ! »
À cause de la maison du Seigneur notre Dieu,
je désire ton bien. ℟

Acclamation de l'Évangile

Alléluia, Alléluia. Viens, Seigneur, notre Dieu, délivre-nous. Montre-nous ton visage et nous serons sauvés. ***Alléluia.***

Évangile de Jésus Christ

selon saint Matthieu (8, 5-11)

« Beaucoup viendront de l'orient et de l'occident et prendront place au festin du royaume des Cieux »

En ce temps-là, comme Jésus était entré à Capharnaüm, un centurion s'approcha de lui et le supplia : « Seigneur, mon serviteur est couché, à la maison, paralysé, et il souffre terriblement. » Jésus lui dit : « Je vais aller moi-même le guérir. » Le centurion reprit : « Seigneur, je ne suis pas digne que tu entres sous mon toit, mais dis seulement une parole et mon serviteur sera guéri. Moi-même qui suis soumis à une autorité, j'ai des soldats sous mes ordres ; à l'un, je dis : "Va", et il va ; à un autre : "Viens", et il vient, et à mon esclave : "Fais ceci", et il le fait. » À ces mots, Jésus fut dans l'admiration et dit à ceux qui le suivaient : « Amen, je vous le déclare, chez personne en Israël, je n'ai trouvé une telle foi. Aussi je vous le dis : Beaucoup viendront de l'orient et de l'occident et prendront place avec Abraham, Isaac et Jacob au festin du royaume des Cieux. »

Prière sur les offrandes

Nous t'offrons, Seigneur, ces dons prélevés sur les bienfaits reçus de toi : nous t'en prions, accueille-les ; puisse la célébration fervente, que tu nous donnes d'accomplir dans le temps présent, nous obtenir la rédemption éternelle. Par le Christ, notre Seigneur. — ***Amen.***

1re préface de l'Avent, p. 242.

Antienne de la communion

Viens, Seigneur,
nous visiter dans la paix,
afin que, de tout cœur,
nous nous réjouissions
devant toi.
(cf. Ps 105, 4-5 ; Is 38, 3)

Prière après la communion

Nous t'en prions, Seigneur, fais fructifier en nous les mystères que nous avons célébrés : tandis que nous marchons dans ce monde qui passe, tu nous enseignes par eux à aimer dès maintenant les biens du ciel, et à nous attacher à ceux qui demeurent. Par le Christ, notre Seigneur. — ***Amen.***

INVITATION

« Je ne suis pas digne que tu entres sous mon toit. » Seigneur, je te confie les personnes qui n'ont même pas un toit au-dessus de leur tête.

COMMENTAIRE

L'unité des peuples

Isaïe 2, 1-5

Isaïe tourne nos regards vers un avenir où les murs de séparation entre les peuples seront abolis car ces derniers seront unis dans un même désir d'entendre la loi de vie inscrite dans les cœurs, et dans une même reconnaissance du Dieu unique. Cet universalisme auquel invitera également Jésus commence par notre propre vie : quand la Parole nous presse de quitter nos préjugés, nous incite à considérer l'image de Dieu en tout être humain ou éveille notre créativité pour entrer en relation avec lui. ■

***Emmanuelle Billoteau,** ermite*

MARDI 5 DÉCEMBRE 2023

1RE SEMAINE DE L'AVENT COULEUR LITURGIQUE : VIOLET

Temps de l'Avent, *messe de la férie*

Antienne d'ouverture

Voici que le Seigneur viendra, et tous les saints avec lui ; on verra, ce jour-là, une grande lumière.

(cf. Za 14, 5.7)

Prière

Sois favorable à nos supplications, Seigneur Dieu ; nous t'en prions : accorde le secours de ta tendresse à ceux qui sont dans l'épreuve, afin que, réconfortés par la présence de ton Fils qui doit venir, nous soyons préservés de la dégradation des péchés. Par Jésus… ***— Amen.***

Lecture

du livre du prophète Isaïe (11, 1-10)

« Sur lui reposera l'esprit du Seigneur »

En ce jour-là, un rameau sortira de la souche de Jessé, père de David, un rejeton jaillira de ses racines. Sur lui reposera l'esprit du Seigneur : esprit de sagesse et de discernement, esprit de conseil et de force, esprit de connaissance et de crainte du Seigneur – qui lui inspirera la crainte du Seigneur. Il ne jugera pas sur l'apparence ; il ne se prononcera pas sur des rumeurs. Il jugera les petits avec justice ; avec droiture, il se

prononcera en faveur des humbles du pays. Du bâton de sa parole, il frappera le pays ; du souffle de ses lèvres, il fera mourir le méchant. La justice est la ceinture de ses hanches ; la fidélité est la ceinture de ses reins.
Le loup habitera avec l'agneau, le léopard se couchera près du chevreau, le veau et le lionceau seront nourris ensemble, un petit garçon les conduira. La vache et l'ourse auront même pâture, leurs petits auront même gîte. Le lion, comme le bœuf, mangera du fourrage. Le nourrisson s'amusera sur le nid du cobra ; sur le trou de la vipère, l'enfant étendra la main. Il n'y aura plus de mal ni de corruption sur toute ma montagne sainte ; car la connaissance du Seigneur remplira le pays comme les eaux recouvrent le fond de la mer.
Ce jour-là, la racine de Jessé sera dressée comme un étendard pour les peuples, les nations la chercheront, et la gloire sera sa demeure.
– Parole du Seigneur.

Psaume 71 (72)

℟ ***En ces jours-là fleurira la justice, grande paix jusqu'à la fin des temps.***

Dieu, donne au roi tes pouvoirs,
à ce fils de roi ta justice.
Qu'il gouverne ton peuple avec justice,
qu'il fasse droit aux malheureux ! ℟

En ces jours-là, fleurira la justice,
grande paix jusqu'à la fin des lunes !
Qu'il domine de la mer à la mer,
et du Fleuve jusqu'au bout de la terre ! ℟

Il délivrera le pauvre qui appelle
et le malheureux sans recours.
Il aura souci du faible et du pauvre,
du pauvre dont il sauve la vie. ℟

Que son nom dure toujours ;
sous le soleil, que subsiste son nom !
En lui, que soient bénies
toutes les familles de la terre ;
que tous les pays le disent bienheureux ! ℟

Acclamation de l'Évangile

Alléluia, Alléluia. Voici qu'il vient avec puissance, notre Seigneur, pour éclairer les yeux de ses serviteurs. ***Alléluia.***

Évangile de Jésus Christ

selon saint Luc (10, 21-24)

« Jésus exulta de joie sous l'action de l'Esprit Saint »

À l'heure même, Jésus exulta de joie sous l'action de l'Esprit Saint, et il dit : « Père, Seigneur du ciel et de la terre, je proclame ta louange : ce que tu as caché aux sages et aux savants, tu l'as révélé aux tout-petits. Oui, Père, tu l'as voulu ainsi dans ta bienveillance. Tout m'a été remis par mon Père. Personne ne connaît qui est le Fils, sinon le Père ; et personne ne connaît qui est le Père, sinon le Fils et celui à qui le Fils veut le révéler*. »
Puis il se tourna vers ses disciples et leur dit en particulier : « Heureux les yeux qui voient ce que vous voyez ! Car, je vous le déclare : beaucoup de prophètes et de rois ont voulu voir ce que vous-mêmes voyez, et ne l'ont pas vu, entendre ce que vous entendez, et ne l'ont pas entendu. »

MARDI 5 DÉCEMBRE 2023

Prière sur les offrandes

Laisse-toi fléchir, Seigneur, par nos offrandes et nos humbles prières; nous ne pouvons pas invoquer nos mérites, viens par ta grâce à notre secours. Par le Christ, notre Seigneur. **— *Amen.***

1re préface de l'Avent, p. 242.

Antienne de la communion

Le Seigneur, le juste juge,
remettra la couronne
de justice à tous ceux
qui désirent avec amour
sa manifestation glorieuse.
(cf. 2 Tm 4, 8)

Prière après la communion

Comblés par cette nourriture spirituelle, nous te supplions, Seigneur : quand nous participons à ce mystère, apprends-nous à évaluer avec sagesse les réalités de ce monde et à nous attacher aux biens du ciel. Par le Christ, notre Seigneur. **— *Amen.***

INVITATION

Je peux prier le chapelet de Lourdes en direct à 15 h 30 sur le site internet du sanctuaire de Lourdes ou en le suivant dans les médias.

COMMENTAIRE

Une question préalable Isaïe 11, 1-10

Isaïe nous parle de l'ère messianique. Nous la croyons advenue dans la résurrection du Christ. Mais nous en attendons encore le plein accomplissement dans la justice, la réconciliation des espèces et des peuples. Une attente active qui suppose notre propre cheminement intérieur de réconciliation : entre l'enfant qui nous habite et le cobra prêt à tuer pour se défendre, entre l'agneau et le loup. Cette démarche n'est-elle pas le préalable à tout avènement d'une justice authentique dans le monde ? ■

***Emmanuelle Billoteau**, ermite*

✻ CLÉ DE LECTURE

« Révéler » Luc 10, 22 *(p. 47)*

Par deux fois, le verbe « révéler » revient dans ces versets. En grec, c'est le verbe de l'apocalypse, « apokaluptô », qui, dans la littérature juive contemporaine, renvoie au dessein de Dieu pour l'humanité tel qu'il se révélera à la fin de l'histoire. Mais Jésus déplace la révélation : ce qui est révélé dès maintenant aux petits, c'est sa propre proximité avec le Père, cette intimité qui fait de lui le Fils bien-aimé. Et cela ne suffit pas : ce qu'il reçoit de Dieu, la bienveillance infinie qu'il partage avec le Père, il va le faire connaître et inviter ses disciples à y prendre part. Qui sont donc ces petits ? Qui sont ces disciples que Jésus dit « heureux » ? Ceux qui acceptent de reconnaître en lui le don de Dieu, la filiation pour chacun d'eux. ■

***Roselyne Dupont-Roc**, bibliste*

MERCREDI 6 DÉCEMBRE 2023

1RE SEMAINE DE L'AVENT COULEUR LITURGIQUE : VIOLET

Temps de l'Avent, *messe de la férie*
ou **saint Nicolas**

Antienne d'ouverture

Le Seigneur va venir sans tarder éclairer ce que voilent nos ténèbres et se manifester à toutes les nations. (cf. Ha 2, 3 ; 1 Co 4, 5)

Prière

Prépare nos cœurs, Seigneur notre Dieu, par ta puissance divine, pour qu'à la venue du Christ, ton Fils, nous soyons trouvés dignes de prendre part au banquet de la vie éternelle et de recevoir, de sa main, la nourriture du ciel. Lui qui…
— Amen.

Lecture

du livre du prophète Isaïe (25, 6-10a)

« Le Seigneur préparera un festin et essuiera les larmes sur tous les visages »

En ce jour-là, le Seigneur de l'univers préparera pour tous les peuples, sur sa montagne, un festin de viandes grasses et de vins capiteux, un festin de viandes succulentes et de vins décantés. Sur cette montagne, il fera disparaître le voile de deuil qui enveloppe tous les peuples et le linceul qui couvre toutes les nations. Il fera disparaître la mort pour toujours. Le Seigneur Dieu essuiera les larmes sur tous les visages, et par toute la terre il effacera l'humiliation de son peuple. Le Seigneur a parlé.

Et ce jour-là, on dira : « Voici notre Dieu, en lui nous espérions, et il nous a sauvés ; c'est lui le Seigneur, en lui nous espérions ; exultons, réjouissons-nous : il nous a sauvés ! » Car la main du Seigneur reposera sur cette montagne.
– Parole du Seigneur.

Psaume 22 (23)

℟ ***J'habiterai la maison du Seigneur pour la durée de mes jours.***

Le Seigneur est mon berger :
je ne manque de rien.
Sur des prés d'herbe fraîche,
il me fait reposer. ℟

Il me mène vers les eaux tranquilles
et me fait revivre ;
il me conduit par le juste chemin
pour l'honneur de son nom. ℟

Si je traverse les ravins de la mort,
je ne crains aucun mal,
car tu es avec moi :
ton bâton me guide et me rassure. ℟

Tu prépares la table pour moi
devant mes ennemis ;
tu répands le parfum sur ma tête,
ma coupe est débordante. ℟

Grâce et bonheur m'accompagnent
tous les jours de ma vie ;
j'habiterai la maison du Seigneur
pour la durée de mes jours. ℟

Acclamation de l'Évangile

Alléluia, Alléluia. Il viendra, le Seigneur, pour sauver son peuple. Heureux ceux qui sont prêts à partir à sa rencontre ! ***Alléluia.***

MERCREDI 6 DÉCEMBRE 2023

Évangile de Jésus Christ
selon saint Matthieu (15, 29-37)

Jésus guérit les infirmes et multiplie les pains

En ce temps-là, Jésus arriva près de la mer de Galilée. Il gravit la montagne et là, il s'assit. De grandes foules s'approchèrent de lui, avec des boiteux, des aveugles, des estropiés, des muets, et beaucoup d'autres encore; on les déposa à ses pieds et il les guérit. Alors la foule était dans l'admiration en voyant des muets qui parlaient, des estropiés rétablis, des boiteux qui marchaient, des aveugles qui voyaient; et ils rendirent gloire au Dieu d'Israël. Jésus appela ses disciples et leur dit : « Je suis saisi de compassion pour cette foule, car depuis trois jours déjà ils restent auprès de moi, et n'ont rien à manger. Je ne veux pas les renvoyer à jeun, ils pourraient défaillir en chemin. » Les disciples lui disent : « Où trouverons-nous dans un désert assez de pain pour rassasier une telle foule ? » Jésus leur demanda : « Combien de pains avez-vous ? » Ils dirent : « Sept, et quelques petits poissons. » Alors il ordonna à la foule de s'asseoir par terre. Il prit les sept pains et les poissons; rendant grâce, il les rompit, et il les donnait aux disciples, et les disciples aux foules. Tous mangèrent et furent rassasiés. On ramassa les morceaux qui restaient : cela faisait sept corbeilles pleines.

Prière sur les offrandes
Nous t'en prions, Seigneur, accorde-nous de t'offrir toujours ce sacrifice d'un cœur généreux : qu'il réalise le mystère sacré que tu as institué, et opère en nous ton salut avec puissance. Par le Christ, notre Seigneur. ***— Amen.***

1re préface de l'Avent, p. 242.

Antienne de la communion

Voici le Seigneur notre Dieu
qui vient avec puissance ;
il vient illuminer le regard
de ceux qui le servent.
(cf. Is 40, 10 ; 35, 5)

Prière après la communion

Nous implorons, Seigneur, ta bonté : que ce réconfort divin nous délivre de nos penchants mauvais et nous prépare aux fêtes qui approchent. Par le Christ, notre Seigneur. **— *Amen.***

INVITATION

Les disciples ont ramassé sept corbeilles de morceaux qui restaient.
Et moi, comment puis-je être attentif à ne rien gaspiller ?

COMMENTAIRE

L'alliance parfaite Isaïe 25, 6-10a

Isaïe nous parle de l'avenir en termes de festin, ce qui renvoie aux repas scellant l'Alliance : ici, une alliance définitive, libérée du spectre de la mort qui semble détruire ce que nous avons de plus précieux. Nous, chrétiens, fondons notre espérance sur la résurrection du Christ, ainsi que sur les expériences de « salut » très concrètes qui, dès à présent, illuminent notre quotidien. Nous pressentons qu'un jour, nous pourrons dire vraiment, sans arrière-pensée : « En lui nous espérions, et il nous a sauvés. » ■

Emmanuelle Billoteau, *ermite*

JEUDI 7 DÉCEMBRE 2023

1RE SEMAINE DE L'AVENT COULEUR LITURGIQUE : BLANC

Saint Ambroise

340-397. Évêque de Milan, conseiller intransigeant de l'empereur Théodose, il joua un rôle capital dans la conversion de saint Augustin. Docteur de l'Église.

Antienne d'ouverture

Dans son Église, le Seigneur
lui a donné la parole ;
il l'a rempli de l'esprit de sagesse
et d'intelligence,
et l'a revêtu de gloire. (cf. Si 15, 5)

Prière

Seigneur Dieu, tu as fait du bienheureux évêque Ambroise un docteur de la foi catholique et un modèle de courage digne des Apôtres ; suscite en ton Église des hommes selon ton cœur, qui la gouvernent avec courage et sagesse. Par Jésus…
— Amen.

Lecture

du livre du prophète Isaïe (26, 1-6)

« Elle entrera, la nation juste, qui se garde fidèle »

En ce jour-là, ce cantique sera chanté dans le pays de Juda : Nous avons une ville forte ! Le Seigneur a mis pour sauvegarde muraille et avant-mur. Ouvrez les portes ! Elle entrera, la nation juste, qui se garde fidèle. Immuable en ton dessein, tu préserves la paix, la paix de qui

s'appuie sur toi. Prenez appui sur le Seigneur, à jamais, sur lui, le Seigneur, le Roc éternel. Il a rabaissé ceux qui siégeaient dans les hauteurs, il a humilié la cité inaccessible, l'a humiliée jusqu'à terre, et lui a fait mordre la poussière. Elle sera foulée aux pieds, sous le pied des pauvres, les pas des faibles.
– Parole du Seigneur.

Psaume 117 (118)

℟ ***Béni soit au nom du Seigneur celui qui vient !***
OU ***Alléluia !***

Rendez grâce au Seigneur : Il est bon !
Éternel est son amour !
Mieux vaut s'appuyer sur le Seigneur
que de compter sur les hommes ! ℟

Ouvrez-moi les portes de justice :
j'entrerai, je rendrai grâce au Seigneur.
« C'est ici la porte du Seigneur :
qu'ils entrent, les justes ! » ℟

Je te rends grâce car tu m'as exaucé :
tu es pour moi le salut.
Donne, Seigneur, donne le salut !
Donne, Seigneur, donne la victoire ! ℟

Béni soit au nom du Seigneur
celui qui vient !
De la maison du Seigneur,
nous vous bénissons ! ℟

Acclamation de l'Évangile

Alléluia, Alléluia. Cherchez le Seigneur, tant qu'il se laisse trouver ; invoquez-le, tant qu'il est proche ! ***Alléluia.***

Évangile de Jésus Christ

selon saint Matthieu (7, 21.24-27)

« Pour entrer dans le royaume des Cieux, il faut faire la volonté de mon Père »

En ce temps-là, Jésus disait à ses disciples : « Ce n'est pas en me disant : "Seigneur, Seigneur !" qu'on entrera dans le royaume des Cieux, mais c'est en faisant la volonté de mon Père qui est aux cieux. Ainsi, celui qui entend les paroles que je dis là et les met en pratique est comparable à un homme prévoyant qui a construit sa maison sur le roc. La pluie est tombée, les torrents ont dévalé, les vents ont soufflé et se sont abattus sur cette maison ; la maison ne s'est pas écroulée, car elle était fondée sur le roc.

« Et celui qui entend de moi ces paroles sans les mettre en pratique est comparable à un homme insensé qui a construit sa maison sur le sable. La pluie est tombée, les torrents ont dévalé, les vents ont soufflé, ils sont venus battre cette maison ; la maison s'est écroulée, et son écroulement a été complet. »

Prière sur les offrandes

Tandis que nous célébrons tes mystères, Seigneur, que ton Esprit Saint répande sur nous la lumière de la foi, dont il n'a cessé d'éclairer le bienheureux Ambroise pour que rayonne ta gloire. Par le Christ, notre Seigneur. **— *Amen.***

1re préface de l'Avent, p. 242.

Antienne de la communion
Qui murmure la loi du Seigneur
jour et nuit donne du fruit
en son temps.
(cf. Ps 1, 2-3)

Prière après la communion
Puisque tu nous as fortifiés, Seigneur, par la puissance de ce sacrement, fais-nous si bien profiter des enseignements du bienheureux Ambroise que notre ardeur à suivre avec courage tes chemins nous prépare aux délices du banquet éternel. Par le Christ, notre Seigneur. — ***Amen.***

INVITATION

Nous fêtons saint Ambroise, amateur de belles liturgies et compositeur d'hymnes. Peut-être puis-je prier aujourd'hui à partir de l'une d'elles ?

COMMENTAIRE

Portes ouvertes Isaïe 26, 1-6

« Le Seigneur a mis pour sauvegarde muraille et avant-mur. Ouvrez les portes ! » Si les portes peuvent être ouvertes à autrui, mais aussi aux désirs qui nous habitent, c'est parce que nous croyons que l'amour de Dieu est notre rempart. Entre repli frileux à l'égard du monde – ou peur de nous-mêmes – et ouverture sans discernement car sans appui, il est une confiance éclairée. En paix, le cœur assuré et unifié, nous sommes alors en mesure d'accueillir l'altérité sans nous sentir menacés. ■

***Emmanuelle Billoteau**, ermite*

VENDREDI 8 DÉCEMBRE 2023

COULEUR LITURGIQUE : BLANC

Immaculée Conception de la bienheureuse Vierge Marie

Antienne d'ouverture

Je tressaille de joie dans le Seigneur, mon âme exulte en mon Dieu. Car il m'a vêtue des vêtements du salut, il m'a couverte du manteau de la justice, comme la fiancée que parent ses joyaux.
(cf. Is 61, 10)

Gloire à Dieu *(p. 238)*

Prière

Seigneur Dieu, tu as préparé à ton Fils une demeure digne de lui par la conception immaculée de la Vierge, que tu as préservée de tout péché par une grâce venant déjà de la mort de ton Fils ; à son intercession, accorde-nous d'être purs, nous aussi, et de parvenir jusqu'à toi. Par Jésus… — ***Amen.***

Lectures propres à la solennité de l'Immaculée Conception.

Lecture

du livre de la Genèse (3, 9-15.20)

« Je mettrai une hostilité entre ta descendance et la descendance de la femme »

Quand Adam eut mangé du fruit de l'arbre, le Seigneur Dieu l'appela et lui dit : « Où es-tu donc ? » Il répondit : « J'ai entendu ta voix dans le jardin, j'ai pris peur parce que je suis nu, et je me suis caché. »

Le Seigneur reprit : « Qui donc t'a dit que tu étais nu ? Aurais-tu mangé de l'arbre dont je t'avais interdit de manger ? » L'homme répondit : « La femme que tu m'as donnée, c'est elle qui m'a donné du fruit de l'arbre, et j'en ai mangé. » Le Seigneur Dieu dit à la femme : « Qu'as-tu fait là ? » La femme répondit : « Le serpent m'a trompée, et j'ai mangé. » Alors le Seigneur Dieu dit au serpent : « Parce que tu as fait cela, tu seras maudit parmi tous les animaux et toutes les bêtes des champs. Tu ramperas sur le ventre et tu mangeras de la poussière tous les jours de ta vie. Je mettrai une hostilité entre toi et la femme, entre ta descendance et sa descendance : celle-ci te meurtrira la tête, et toi, tu lui meurtriras le talon. » L'homme appela sa femme Ève (c'est-à-dire : la vivante), parce qu'elle fut la mère de tous les vivants. Alors l'ange la quitta.
– Parole du Seigneur.

Psaume 97 (98)

℟ ***Chantez au Seigneur un chant nouveau, car il a fait des merveilles.***

Chantez au Seigneur un chant nouveau,
car il a fait des merveilles ;
par son bras très saint,
par sa main puissante,
il s'est assuré la victoire. ℟

Le Seigneur a fait connaître sa victoire,
et révélé sa justice aux nations ;
il s'est rappelé sa fidélité,
son amour,
en faveur de la maison d'Israël. ℟

La terre tout entière a vu
la victoire de notre Dieu.
Acclamez le Seigneur, terre entière,
sonnez, chantez, jouez ! ℟

Lecture

de la lettre de saint Paul apôtre aux Éphésiens (1, 3-6. 11-12)

« Dieu nous a choisis, dans le Christ, avant la formation du monde »

Béni soit Dieu, le Père de notre Seigneur Jésus Christ ! Il nous a bénis et comblés des bénédictions de l'Esprit, au ciel, dans le Christ. Il nous a choisis, dans le Christ, avant la fondation du monde, pour que nous soyons saints, immaculés devant lui, dans l'amour. Il nous a prédestinés à être, pour lui, des fils adoptifs par Jésus, le Christ. Ainsi l'a voulu sa bonté, à la louange de gloire de sa grâce, la grâce qu'il nous donne dans le Fils bien-aimé. En lui, nous sommes devenus le domaine particulier de Dieu, nous y avons été prédestinés selon le projet de celui qui réalise tout ce qu'il a décidé : il a voulu que nous vivions à la louange de sa gloire, nous qui avons d'avance espéré dans le Christ. – Parole du Seigneur.

Acclamation de l'Évangile

Alléluia. Alléluia. Je te salue, Marie, Comblée-de-grâce : le Seigneur est avec toi, tu es bénie entre les femmes. ***Alléluia.***

Évangile de Jésus Christ

selon saint Luc (1, 26-38)

« Je te salue, Comblée-de-grâce, le Seigneur est avec toi »

En ce temps-là, l'ange Gabriel fut envoyé par Dieu dans une ville de Galilée, appelée Nazareth, à une jeune fille vierge, accordée en mariage à un homme de la maison de David, appelé Joseph ; et le nom de la jeune fille était Marie. L'ange entra chez elle et dit : « Je te salue, Comblée-de-grâce, le Seigneur est avec toi. » À cette parole, elle fut toute bouleversée, et elle se demandait ce que pouvait signifier cette salutation. L'ange lui dit alors : « Sois sans crainte, Marie, car tu as trouvé grâce auprès de Dieu. Voici que tu vas concevoir et enfanter un fils ; tu lui donneras le nom de Jésus. Il sera grand, il sera appelé Fils du Très-Haut ; le Seigneur Dieu lui donnera le trône de David son père ; il régnera pour toujours sur la maison de Jacob, et son règne n'aura pas de fin. » Marie dit à l'ange : « Comment cela va-t-il se faire, puisque je ne connais pas d'homme ? » L'ange lui répondit : « L'Esprit Saint* viendra sur toi, et la puissance du Très-Haut te prendra sous son ombre ; c'est pourquoi celui qui va naître sera saint, il sera appelé Fils de Dieu. Or voici que, dans sa vieillesse, Élisabeth, ta parente, a conçu, elle aussi, un fils et en est à son sixième mois, alors qu'on l'appelait la femme stérile. Car rien n'est impossible à Dieu. » Marie dit alors : « Voici la servante du Seigneur ; que tout m'advienne selon ta parole. »

Profession de foi *(p. 239)*

Prière sur les offrandes

Accueille avec bienveillance, Seigneur, le sacrifice du salut que nous t'offrons en fêtant la conception immaculée de la bienheureuse Vierge Marie ; puisque nous reconnaissons que la prévenance de ta grâce l'a gardée pure de tout péché, accorde-nous, à son intercession, d'être libérés de toute faute. Par le Christ, notre Seigneur. — ***Amen.***

Prière eucharistique

(Préface de l'Immaculée Conception)

Vraiment, il est juste et bon, pour ta gloire et notre salut, de t'offrir notre action de grâce, toujours et en tout lieu, Seigneur, Père très saint, Dieu éternel et tout-puissant. Car tu as préservé la bienheureuse Vierge Marie de toute souillure du péché originel, tu l'as comblée de ta grâce en plénitude pour préparer en elle une mère vraiment digne de ton Fils et manifester l'origine de l'Église, l'Épouse sans tache ni ride, resplendissante de beauté. Cette vierge très pure devait nous donner le Fils, l'Agneau innocent qui effacerait nos fautes. Pour ton peuple, tu la disposais à être, parmi toutes les femmes, l'avocate de la grâce et le modèle de la sainteté. C'est pourquoi, unissant nos voix à celles des anges, nous te louons dans la joie en proclamant : ***Saint ! Saint ! Saint…***

Antienne de la communion

Pour ta gloire, on parle de toi, Marie :
par toi s'est levé le soleil de justice,
le Christ, notre Dieu.

(cf. Ps 86, 3)

Prière après la communion

Que notre participation à ces sacrements, Seigneur notre Dieu, guérisse en nous les blessures de la faute originelle dont tu as préservé de manière unique la bienheureuse Marie en sa conception immaculée. Par le Christ, notre Seigneur. ***— Amen.***

INVITATION

Dans ma prière, comme Marie, je m'abandonne à la volonté du Seigneur : « Que tout m'advienne selon ta parole. »

COMMENTAIRE

Le choix de Marie Luc 1, 26-38

« Rien n'est impossible à Dieu » : ni de faire surgir la vie du chaos (cf. Gn 1, 2), ni de changer le monde ancien – déchiré par les rivalités, les ambitions, les conflits – en un monde renouvelé, ni de transformer en bien le mal tramé par les humains (cf. Gn 50, 20). Ne nous appartient-il pas alors de saisir les opportunités qui nous sont offertes, comme l'a fait Marie quand le message de l'ange est venu bouleverser une vie paisible et tracée pour faire d'elle la Mère de Jésus, le Fils du Très-Haut ? ■

***Emmanuelle Billoteau,** ermite*

✲ CLÉ DE LECTURE

« Esprit Saint » Luc 1, 35 *(p. 61)*

Des figures de femme, aux deux extrémités des Écritures… et de l'histoire humaine. D'un côté la femme « mère des vivants », en qui chacun peut se reconnaître quand, d'une façon ou d'une autre, il œuvre pour la vie. De l'autre la Mère du Messie attendu, celui qui doit ramener à Dieu tout ce qui, dans les vies humaines, a dévié et s'est perdu. Le combat contre le serpent, maître du mensonge et du soupçon, est engagé dès les débuts de l'humanité, et Dieu promet à la femme que sa descendance en sera victorieuse. Ce que l'ange demande à Marie, c'est d'accueillir en elle celui qui fera aboutir cette promesse, celui par qui le combat sera mené et gagné pour chacun de nous, pour que chaque être humain soit comme lui, saint, vivant de la vie même de Dieu ! ■

***Roselyne Dupont-Roc,** bibliste*

SAMEDI 9 DÉCEMBRE 2023

1RE SEMAINE DE L'AVENT COULEUR LITURGIQUE : VIOLET

Temps de l'Avent, *messe de la férie*
ou **saint Juan Diego Cuauhtlatoatzin**

Antienne d'ouverture

Viens, Seigneur, toi qui sièges au-dessus des Kéroubim ; montre-nous ton visage, et nous serons sauvés. (cf. Ps 79, 4.2)

Prière

Seigneur Dieu, tu as envoyé ton Fils unique dans ce monde pour libérer le genre humain de sa condition périssable ; à ceux qui t'appellent du fond du cœur, accorde généreusement la grâce de ta tendresse pour qu'ils parviennent à la vraie liberté. Par Jésus… — ***Amen.***

Lecture

du livre du prophète Isaïe (30, 19-21.23-26)

« Le Seigneur te fera grâce. Dès qu'il t'aura entendu, il te répondra »

Ainsi parle le Seigneur, le Dieu saint d'Israël : Peuple de Sion, toi qui habites Jérusalem, tu ne pleureras jamais plus. À l'appel de ton cri, le Seigneur te fera grâce. Dès qu'il t'aura entendu, il te répondra. Le Seigneur te donnera du pain dans la détresse, et de l'eau dans l'épreuve. Celui qui t'instruit ne se dérobera plus et tes yeux le verront. Tes oreilles entendront derrière toi une parole : « Voici le chemin, prends-le ! », et cela, que tu ailles à droite ou à gauche. Le Seigneur te donnera la pluie pour la

semence que tu auras jetée en terre, et le pain que produira la terre sera riche et nourrissant. Ton bétail ira paître, ce jour-là, sur de vastes pâturages. Les bœufs et les ânes qui travaillent dans les champs mangeront un fourrage salé, étalé avec la pelle et la fourche. Sur toute haute montagne, sur toute colline élevée couleront des ruisseaux, au jour du grand massacre, quand tomberont les tours de défense. La lune brillera comme le soleil, le soleil brillera sept fois plus, – autant que sept jours de lumière – le jour où le Seigneur pansera les plaies de son peuple et guérira ses meurtrissures.
– Parole du Seigneur.

Psaume 146 (147A)

℟ ***Heureux tous ceux qui attendent le Seigneur !***
OU ***Alléluia !***

Il est bon de fêter notre Dieu,
il est beau de chanter sa louange !
Le Seigneur rebâtit Jérusalem,
il rassemble les déportés d'Israël. ℟

Il guérit les cœurs brisés
et soigne leurs blessures.
Il compte le nombre des étoiles,
il donne à chacune un nom. ℟

Il est grand, il est fort, notre Maître :
nul n'a mesuré son intelligence.
Le Seigneur élève les humbles
et rabaisse jusqu'à terre les impies. ℟

Acclamation de l'Évangile

Alléluia, Alléluia. Le Seigneur est notre juge, il nous donne des lois, le Seigneur est notre roi : c'est lui qui nous sauve. ***Alléluia.***

Évangile de Jésus Christ

selon saint Matthieu (9, 35 – 10, 1.5a.6-8)

« Voyant les foules, Jésus fut saisi de compassion »

En ce temps-là, Jésus parcourait toutes les villes et tous les villages, enseignant dans leurs synagogues, proclamant l'Évangile du Royaume et guérissant toute maladie et toute infirmité. Voyant les foules, Jésus fut saisi de compassion envers elles parce qu'elles étaient désemparées et abattues comme des brebis sans berger. Il dit alors à ses disciples : « La moisson est abondante, mais les ouvriers sont peu nombreux. Priez donc le maître de la moisson d'envoyer des ouvriers pour sa moisson. » Alors Jésus appela ses douze disciples et leur donna le pouvoir d'expulser les esprits impurs et de guérir toute maladie et toute infirmité. Ces douze, Jésus les envoya en mission avec les instructions suivantes : « Allez vers les brebis perdues de la maison d'Israël. Sur votre route, proclamez que le royaume des Cieux est tout proche. Guérissez les malades, ressuscitez les morts, purifiez les lépreux, expulsez les démons. Vous avez reçu gratuitement : donnez gratuitement. »

Prière sur les offrandes

Nous t'en prions, Seigneur, accorde-nous de t'offrir toujours ce sacrifice d'un cœur généreux : qu'il réalise le mystère sacré que tu as institué, et opère en nous ton salut avec puissance. Par le Christ, notre Seigneur. **— *Amen.***

1re préface de l'Avent, p. 242.

Antienne de la communion
Voici que je viens sans tarder,
dit le Seigneur, et j'apporte avec moi
le salaire que je vais donner
à chacun selon ce qu'il a fait.
(Ap 22, 12)

Prière après la communion
Nous implorons, Seigneur, ta bonté : que ce réconfort divin nous délivre de nos penchants mauvais et nous prépare aux fêtes qui approchent. Par le Christ, notre Seigneur. — ***Amen.***

INVITATION

Du temps, de l'attention, de l'écoute, une prière... Je choisis quelque chose à « donner gratuitement » aux autres durant cette journée.

COMMENTAIRE

Un guide expérimenté Isaïe 30, 19-21.23-26

Isaïe nous rappelle que Dieu prend au sérieux notre tristesse, notre angoisse, notre détresse, nos blessures. Mais c'est à nous qu'il appartient de crier et de nous ouvrir à la consolation, à la réassurance, à la guérison que Dieu veut nous octroyer. Si nos yeux ne voient pas encore celui qui nous instruit, nous pouvons dès à présent expérimenter la guidance de l'Esprit qui nous montre le chemin au plus concret de nos existences. D'où l'importance de la relecture de vie à un rythme plus ou moins soutenu. ■

Emmanuelle Billoteau, *ermite*

DIMANCHE 10 DÉCEMBRE 2023

2E DIMANCHE DE L'AVENT

ANNÉE B – COULEUR LITURGIQUE : VIOLET

« Jean, celui qui baptisait, parut dans le désert. »
Marc 1, 4

Le Messie va venir. Aux foules qui viennent à lui, Jean le Baptiste propose un baptême de conversion. Le Messie, lui, baptisera dans l'Esprit Saint. Aujourd'hui, ouvrons nos cœurs, accueillons l'appel du Baptiste à la conversion, reconnaissons ne pas toujours marcher dans la justice, dans l'amour et la vérité. Devenons artisans de paix et d'espérance.

RITES INITIAUX

Chant d'entrée *(Suggestions p. 264)*
OU
Antienne d'ouverture
Peuple de Sion, voici que le Seigneur va venir
pour sauver les nations. Il fera entendre sa voix majestueuse
pour la joie de vos cœurs. (cf. Is 30, 19.30)

Suggestion de préparation pénitentielle *(ou p. 236)*
Frères et sœurs, en ce temps où nous attendons la venue du Messie, préparons-nous à célébrer le mystère de l'eucharistie, en reconnaissant que nous avons péché.

Seigneur Jésus, Messie de paix et d'espérance, tu nous invites à vivre dans l'amour et la vérité. Kyrie, eleison. ***— Kyrie, eleison.***

Ô Christ, toi le Berger qui portes les agneaux sur ton cœur, tu nous appelles à vivre dans la justice et dans la paix. Christe, eleison. **— Christe, eleison.**

Seigneur, toi le Messie de la promesse, tu nous exhortes à emprunter le chemin de la sainteté. Kyrie, eleison. ***— Kyrie, eleison.***

Que Dieu tout-puissant nous fasse miséricorde ; qu'il nous pardonne nos péchés et nous conduise à la vie éternelle. ***— Amen.***

Pendant l'Avent, on omet le Gloire à Dieu.

Prière

Dieu de puissance et de miséricorde, ne laisse pas le souci de nos tâches présentes entraver la marche de ceux qui se hâtent à la rencontre de ton Fils ; mais forme-nous à la sagesse d'en-haut, qui nous fait entrer en communion avec lui. Lui qui… ***— Amen.***

LITURGIE DE LA PAROLE

Lecture du livre du prophète Isaïe (40, 1-5.9-11)

« Préparez le chemin du Seigneur »

Consolez, consolez mon peuple, – dit votre Dieu – parlez au cœur de Jérusalem. Proclamez que son service est accompli, que son crime est expié, qu'elle a reçu de la main du Seigneur le double pour toutes ses fautes. Une voix proclame : « Dans le désert, préparez le chemin du Seigneur ; tracez droit, dans les terres arides, une route pour notre Dieu. Que tout ravin soit comblé, toute montagne et toute colline abaissées ! que les escarpements se changent en plaine, et les sommets, en large vallée ! Alors se révélera la gloire du Seigneur, et tout être de chair verra que la bouche du Seigneur a parlé. » Monte sur une haute montagne, toi qui portes la bonne nouvelle à Sion. Élève la voix avec force, toi qui portes la bonne nouvelle à Jérusalem. Élève la voix, ne crains pas. Dis aux villes de Juda : « Voici votre Dieu ! » Voici le Seigneur Dieu ! Il vient avec puissance ; son bras lui soumet tout. Voici le fruit de son travail avec

lui, et devant lui, son ouvrage. Comme un berger, il fait paître son troupeau : son bras rassemble les agneaux, il les porte sur son cœur, il mène les brebis qui allaitent. – Parole du Seigneur.

Psaume 84 (85)

℟ ***Fais-nous voir, Seigneur, ton amour, et donne-nous ton salut.***

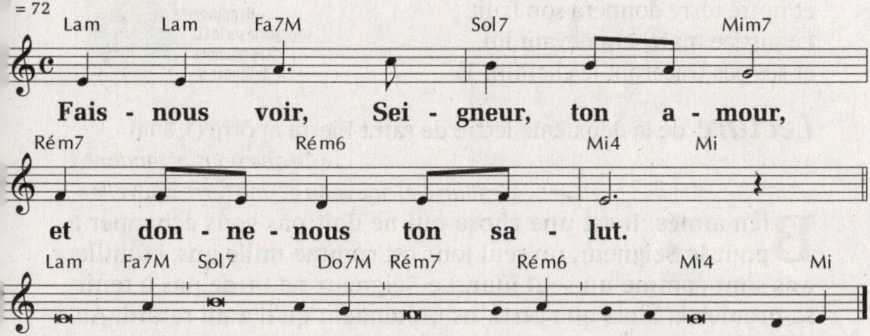

T. : AELF; M. : G. Previdi; Éd. : ADF.

J'écoute : que dira le Seigneur Dieu ?
Ce qu'il dit, c'est la paix pour son peuple et ses fidèles.
Son salut est proche de ceux qui le craignent,
et la gloire habitera notre terre. ℟

℟ ***Fais-nous voir, Seigneur, ton amour, et donne-nous ton salut.***

Amour et vérité se rencontrent,
justice et paix s'embrassent ;
la vérité germera de la terre
et du ciel se penchera la justice. ℟

Le Seigneur donnera ses bienfaits,
et notre terre donnera son fruit.
La justice marchera devant lui,
et ses pas traceront le chemin. ℟

Retrouvez ce psaume sur le CD "Les psaumes de l'année B"

Lecture de la deuxième lettre de saint Pierre apôtre (3, 8-14)

« Ce que nous attendons,
c'est un ciel nouveau et une terre nouvelle »

Bien-aimés, il est une chose qui ne doit pas vous échapper : pour le Seigneur, un seul jour est comme mille ans, et mille ans sont comme un seul jour. Le Seigneur ne tarde pas à tenir sa promesse, alors que certains prétendent qu'il a du retard. Au contraire, il prend patience envers vous, car il ne veut pas en laisser quelques-uns se perdre, mais il veut que tous parviennent à la conversion.

Cependant le jour du Seigneur viendra, comme un voleur. Alors les cieux disparaîtront avec fracas, les éléments embrasés seront dissous, la terre, avec tout ce qu'on a fait ici-bas, ne pourra y

échapper. Ainsi, puisque tout cela est en voie de dissolution, vous voyez quels hommes vous devez être, en vivant dans la sainteté et la piété, vous qui attendez, vous qui hâtez l'avènement du jour de Dieu, ce jour où les cieux enflammés seront dissous, où les éléments embrasés seront en fusion. Car ce que nous attendons, selon la promesse du Seigneur, c'est un ciel nouveau et une terre nouvelle où résidera la justice. C'est pourquoi, bien-aimés, en attendant cela, faites tout pour qu'on vous trouve sans tache ni défaut, dans la paix. – Parole du Seigneur.

Acclamation de l'Évangile

Alléluia. Alléluia. Préparez le chemin du Seigneur, rendez droits ses sentiers : tout être vivant verra le salut de Dieu. ***Alléluia.***

T. : AELF; M. : P. Robert.

DIMANCHE 10 DÉCEMBRE 2023

Évangile de Jésus Christ selon saint Marc (1, 1-8)

Rendez droits les sentiers du Seigneur

Commencement de l'Évangile de Jésus, Christ, Fils de Dieu. Il est écrit dans Isaïe, le prophète : *Voici que j'envoie mon messager en avant de toi, pour ouvrir ton chemin. Voix de celui qui crie dans le désert : Préparez le chemin du Seigneur, rendez droits ses sentiers.* Alors Jean, celui qui baptisait, parut dans le désert. Il proclamait un baptême de conversion pour le pardon des péchés.
Toute la Judée, tous les habitants de Jérusalem se rendaient auprès de lui, et ils étaient baptisés par lui dans le Jourdain, en reconnaissant publiquement leurs péchés. Jean était vêtu de poil de chameau, avec une ceinture de cuir autour des reins ; il se nourrissait de sauterelles et de miel sauvage. Il proclamait : « Voici venir derrière moi celui qui est plus fort que moi ; je ne suis pas digne de m'abaisser pour défaire la courroie de ses sandales. Moi, je vous ai baptisés avec de l'eau ; lui vous baptisera dans l'Esprit Saint. »

Homélie

Profession de foi *(p. 239)*

Suggestion de prière universelle

Le prêtre :

Tandis que nous nous préparons à la venue du Messie, implorons la miséricorde de notre Père céleste, prions-le pour les hommes et les femmes de notre temps.

℟ ***Par Jésus Christ ton serviteur, nous te prions, Seigneur.***

Bayard Liturgie; M. : M. Wackenheim.

Le diacre ou un lecteur :

« Comme un berger, il fait paître son troupeau. » Prions pour les bergers de notre Église. Qu'avec humilité, ils la guident sur des chemins d'amour, de vérité et de paix. Ensemble, prions. ℟

« Que tout ravin soit comblé. » Prions pour nos responsables politiques. Qu'ils travaillent à combler les situations d'injustice au sein de la société. Ensemble, prions. ℟

« Consolez, consolez mon peuple. » Prions pour les personnes en situation de handicap. Que les institutions promeuvent pour elles des programmes d'inclusion pour leur participation active à la société. Avec toute l'Église, prions. ℟

« Préparez le chemin du Seigneur. » Prions pour notre assemblée. Qu'à travers le service de la Parole ou de la liturgie, celui de l'accompagnement des personnes malades, nous soyons de joyeux témoins de la Bonne Nouvelle. Ensemble, prions. ℟

(Ces intentions seront adaptées ou modifiées selon les circonstances.)

Le prêtre : Dieu notre Père, alors que nous nous préparons à fêter la venue de ton Fils dans le monde, nous te prions avec confiance. Écoute nos prières et daigne les exaucer, par le Christ notre Seigneur.
— Amen.

LITURGIE EUCHARISTIQUE

Prière sur les offrandes

Laisse-toi fléchir, Seigneur, par nos offrandes et nos humbles prières ; nous ne pouvons pas invoquer nos mérites, viens par ta grâce à notre secours. Par le Christ, notre Seigneur. ***— Amen.***

Prière eucharistique *(1re préface de l'Avent, p. 242)*

Chant de communion *(Suggestions p. 264)*

OU

Antienne de la communion

Debout, Jérusalem ! tiens-toi sur la hauteur,
et vois l'allégresse qui te vient de ton Dieu. (Ba 5, 5 ; 4, 36)

Prière après la communion
Comblés par cette nourriture spirituelle, nous te supplions, Seigneur : quand nous participons à ce mystère, apprends-nous à évaluer avec sagesse les réalités de ce monde et à nous attacher aux biens du ciel. Par le Christ, notre Seigneur. **— *Amen.***

RITE DE CONCLUSION

Bénédiction solennelle
Vous croyez que le Fils unique de Dieu est déjà venu, et vous attendez qu'il vienne de nouveau ; à la clarté de son avènement, que Dieu tout-puissant, dans sa miséricorde, vous sanctifie et vous comble de sa bénédiction. **— *Amen.***
Dans le combat de cette vie, qu'il rende ferme votre foi, joyeuse, votre espérance, efficace, votre charité. **— *Amen.***
La venue prochaine de notre Rédempteur selon la chair vous procure déjà une joie spirituelle ; lors de son avènement dans la gloire, qu'il vous donne la récompense de la vie éternelle. **— *Amen.***
Et que la bénédiction de Dieu tout-puissant, le Père, et le Fils, ✠ et le Saint-Esprit, descende sur vous et y demeure toujours.
— *Amen.*

Envoi

COMMENTAIRE DU DIMANCHE

Vincent Leclercq, prêtre assomptionniste

Dégager le chemin

L'Avent est un temps de conversion. Pierre nous rappelle que ce temps appartient à Dieu. Il est donc celui de sa propre miséricorde et de sa tendresse. Le Seigneur n'exige pas que nous construisions tout seuls la route qui nous mènera à lui. Il nous demande simplement de désencombrer le chemin pour qu'il puisse nous rejoindre le moment venu.

Que faire pour se préparer à Noël ? Le baptême de Jean dans les eaux du Jourdain manifeste une disponibilité à se repentir. Le but est de rejeter le péché et un attachement excessif à notre propre confort qui nous fait parfois oublier l'essentiel. Jean exprime son attente du Messie à travers la sobriété. Sa manière de se vêtir ou de manger annonce un Dieu dont l'humilité bouscule jusqu'à nos habitudes.

La conversion est une grâce à demander au Seigneur. Dans notre prière, demandons-lui aussi l'espérance de ne jamais nous décourager de nos lenteurs ou de notre inconstance. Le Christ est déjà en route pour calmer nos préoccupations et combler notre désir de Dieu. « Vous qui attendez avec impatience la venue du jour de Dieu, voyez à quelle sainteté vous êtes appelés » (cf. 2 p 3, 11-12). Les premières lignes de l'évangile de Marc marquent le début d'une bonne nouvelle : la victoire de Jésus sur notre peu d'empressement à nous convertir. L'attente du Messie nous ouvre à la beauté de Dieu et à sa bonté pour l'homme. Il vient pour régner dans nos cœurs et habiter nos vies à jamais.

~

Ma vie montre-t-elle que je suis déjà prêt à vivre éternellement avec le Seigneur ?

D'ici Noël, quel obstacle vais-je aplanir, quelles frontières vais-je ouvrir au Sauveur qui vient ? ■

Prions en Église Junior

LIRE L'ÉVANGILE AVEC LES ENFANTS

CE QUE JE DÉCOUVRE

Au début d'une histoire, il arrive toujours un événement nouveau. Ici, c'est la venue de Jésus.
Jean Baptiste prépare cette venue, il est le messager de Dieu, il ouvre le chemin, il trace les sentiers.
Jésus vient dans le monde et pour le recevoir, il est nécessaire de se convertir. C'est-à-dire d'orienter son cœur et toute sa vie vers le Seigneur.

CE QUE JE VIS

As-tu installé une crèche dans ta maison ?
Comment est-elle ?
Parles-tu de Jésus à tes amis ?
Imagine un dialogue entre les personnages de ta crèche au sujet du bébé qui va naître.

Texte : Karem Bustica. Illustrations : Marcelino Truong

MÉDITATION BIBLIQUE

2E DIMANCHE DE L'AVENT

Livre du prophète Isaïe (40, 1-5.9-11)

« Tout être de chair verra »

Isaïe est par excellence le prophète de l'Avent, tant ses paroles laissent entendre aux chrétiens la Bonne Nouvelle de la venue du Christ en notre chair. Une venue qui nous interpelle, nous incitant à nous mettre en condition pour ne pas manquer la rencontre.

Le temps de la préparation

« J'écoute : que dira le Seigneur Dieu ? » (Ps 84, 9)

Le temps de l'observation

La première lecture nous révèle un Dieu qui se plaît à consoler les humains, à leur parler au cœur, à leur pardonner, à visiter son peuple et à lui témoigner sa tendresse – tout particulièrement quand il s'agit des plus petits ou des plus exposés. Une parole susceptible de réveiller l'espérance et la confiance d'un peuple en exil qui a perdu tous ses repères – Temple, terre, roi – et est convaincu que sa situation actuelle est due à son infidélité à Dieu. Qui ne souhaiterait dans ces conditions voir la gloire du Seigneur, expérimenter sa présence ? Or, c'est cette promesse qu'énonce Isaïe de la part de Dieu. Moïse •••

••• lui-même, après l'épisode du veau d'or (Ex 32, 1-14), a fait cette prière : « Je t'en prie, laisse-moi contempler ta gloire » (Ex 33, 18). Si nul ne peut voir le visage de Dieu, il peut l'entendre lui dire : « Je fais grâce à qui je veux, je montre ma tendresse à qui je veux » (Ex 33, 19). Autant de réminiscences pour l'auditeur averti.

Le temps de la méditation

Isaïe nous rejoint, nous qui sommes exilés de la terre promise de notre cœur profond, nous qui cheminons dans un clair-obscur vers le face-à-face. Cela étant, en tant que chrétiens, nous savons que la promesse de Dieu s'est déjà réalisée en Jésus, même si elle est en attente de son plein accomplissement. « Et le Verbe s'est fait chair, il a habité parmi nous, et nous avons vu sa gloire » (Jn 1, 14). « Ce qui était depuis le commencement, ce que nous avons entendu, ce que nous avons vu de nos yeux, ce que nous avons contemplé et que nos mains ont touché du Verbe de vie, nous vous l'annonçons » (1 Jn 1, 1). Certes nous faisons partie des bienheureux « qui croient sans avoir vu » (Jn 20, 29), mais nous pouvons demander au Seigneur de vivre une expérience de sa présence vivifiante, lui qui ne cesse de venir à nous sous le couvert de sa parole, sous les espèces du pain et du vin, chaque fois que nous sommes réunis en son nom… Ce qui suppose de nous préparer à l'accueillir.

Le temps de la prière

« Fais-nous voir, Seigneur, ton amour, et donne-nous ton salut. » (Ps 84, 8) ■

Emmanuelle Billoteau,
ermite

Une prière de Rodhain Kasuba, pour ce dimanche

Toi, notre compagnon

Seigneur, nous voulons veiller pour mieux
te célébrer à Noël. En réalité, c'est toi le veilleur.
Tu veilles sur nos nuits comme tu veilles sur nos jours ;
toi, le compagnon de nos veilles.
Nous voulons t'attendre pour mieux t'accueillir bientôt.
En réalité, c'est toi qui attends.
Tu attends notre venue comme tu attends notre retour ;
toi, le compagnon de nos attentes.
Nous voulons espérer pour ne rien manquer de ta venue.
En réalité, c'est toi qui espères. Tu espères toucher
nos cœurs comme tu espères transformer nos vies ;
toi, le compagnon de nos espérances.
Nous voulons te voir pour contempler ton visage.
En réalité, c'est toi qui nous vois. Tu cherches à nous voir
en profondeur comme tu scrutes notre beauté originelle ;
toi, le compagnon de nos regards.

DES IMAGES POUR LA FOI

2E DIMANCHE DE L'AVENT

Jean, le témoin

En véritable témoin, Jean le Baptiste ne cherche pas à s'attacher les foules qui l'approchent, mais à les conduire vers le Christ qui vient.

Une foule s'est massée au bord du chemin pour écouter Jean le Baptiste. L'intensité et la variété des couleurs des vêtements accentuent l'impression de nombre et de diversité des participants. Au premier plan, deux spécialistes des Écritures sont même venus avec leurs grandes bibles reliées ; l'un d'eux a un parchemin et une plume pour prendre des notes. Tous les regards sont fixés sur le prophète, debout à l'ombre d'un palmier. L'artiste a utilisé les codes de l'iconographie traditionnelle pour le représenter. Il porte un vêtement de peau de bête et tient un fin bâton surmonté d'une croix autour duquel s'enroule un léger phylactère qui reprend ses paroles : « Voici l'Agneau de Dieu… » (Jn 1, 29). Jean Baptiste n'est pas la Lumière, il rend témoignage à la Lumière (cf. Jn 1, 8). D'un geste de la main, il invite ceux qui l'écoutent à un retournement (une conversion) : derrière eux, dans l'ombre, au milieu des arbres, on distingue un petit groupe avec Jésus à sa tête. C'est lui l'Agneau « qui enlève le péché du monde » (Jn 1, 29), c'est lui qu'ils sont appelés à suivre désormais. ■

Dominique Pierre, journaliste

Prédication de Jean Baptiste, Alessandro Allori (1590). Palazzo Pitti, Florence (Italie).

LUNDI 11 DÉCEMBRE 2023

2e SEMAINE DE L'AVENT COULEUR LITURGIQUE : VIOLET

Temps de l'Avent, *messe de la férie*
ou **saint Damase 1er**

Antienne d'ouverture

Écoutez, nations, la parole du Seigneur ! Annoncez-la jusqu'aux extrémités de la terre : voici notre Sauveur qui vient, ne craignez plus. (cf. Jr 31, 10 ; Is 35, 4)

Prière

Que monte en ta présence, Seigneur, notre prière instante, pour que les désirs de tes serviteurs s'accordent en toute pureté au grand mystère de l'incarnation de ton Fils unique. Lui qui… ***— Amen.***

Lecture

du livre du prophète Isaïe (35, 1-10)

« Dieu vient lui-même et va vous sauver »

Le désert et la terre de la soif, qu'ils se réjouissent ! Le pays aride, qu'il exulte et fleurisse comme la rose, qu'il se couvre de fleurs des champs, qu'il exulte et crie de joie ! La gloire du Liban lui est donnée, la splendeur du Carmel et du Sarone. On verra la gloire du Seigneur, la splendeur de notre Dieu. Fortifiez les mains défaillantes, affermissez les genoux qui fléchissent, dites aux gens qui s'affolent : « Soyez forts, ne craignez pas. Voici votre Dieu : c'est la vengeance qui vient, la revanche de Dieu. Il vient lui-même et va vous sauver. » Alors se dessilleront les yeux des aveugles, et s'ouvriront les oreilles des sourds. Alors le boiteux bondira comme un cerf, et la bouche du muet criera de joie ; car l'eau jaillira dans le désert, des torrents dans le pays aride. La terre brûlante se changera en lac, la région de la soif, en eaux jaillissantes. Dans le séjour où gîtent les chacals, l'herbe deviendra des roseaux et des joncs. Là, il y aura une chaussée, une voie qu'on appellera la Voie sacrée. L'homme impur n'y passera pas – il suit sa propre voie – et les insensés ne viendront pas s'y égarer. Là, il n'y aura pas de lion, aucune bête féroce ne surgira, il ne s'en trouvera pas ; mais les rachetés y marcheront. Ceux qu'a libérés le Seigneur reviennent, ils entrent dans Sion avec des cris de fête, couronnés de l'éternelle joie. Allégresse et joie les rejoindront, douleur et plainte s'enfuient. – Parole du Seigneur.

Psaume 84 (85)

℟ ***Voici notre Dieu qui vient nous sauver.***

J'écoute : que dir<u>a</u> le Seigneur Dieu ?
Ce qu'il dit, c'est la paix pour son pe<u>u</u>ple
et ses fidèles.
Son salut est proche de ce<u>u</u>x qui le craignent,
et la gloire habiter<u>a</u> notre terre. ℟

Amour et vérit<u>é</u> se rencontrent,
justice et p<u>a</u>ix s'embrassent ;
la vérité germer<u>a</u> de la terre
et du ciel se pencher<u>a</u> la justice. ℟

Le Seigneur donner<u>a</u>
ses bienfaits,
et notre terre donner<u>a</u> son fruit.
La justice marcher<u>a</u> devant lui,
et ses pas tracer<u>o</u>nt le chemin. ℟

Acclamation de l'Évangile

Alléluia. Alléluia. Il va venir, le Roi, le Maître de la terre ; il ôtera nos liens, il nous délivrera. ***Alléluia.***

Évangile de Jésus Christ

selon saint Luc (5, 17-26)

« Nous avons vu des choses extraordinaires aujourd'hui ! »

Un jour que Jésus enseignait, il y avait dans l'assistance des pharisiens et des docteurs de la Loi, venus de tous les villages de Galilée et de Judée, ainsi que de Jérusalem ; et la puissance du Seigneur était à l'œuvre pour lui faire opérer des guérisons. Arrivent des gens, portant sur une civière un homme qui était paralysé ; ils cherchaient à le faire entrer pour le placer devant Jésus. Mais, ne voyant pas comment faire à cause de la foule, ils montèrent sur le toit et, en écartant les tuiles, ils le firent descendre avec sa civière en plein milieu devant Jésus. Voyant leur foi, il dit : « Homme, tes péchés te sont pardonnés. » Les scribes et les pharisiens se mirent à raisonner : « Qui est-il celui-là ? Il dit des blasphèmes ! Qui donc peut pardonner les péchés, sinon Dieu seul* ? » Mais Jésus, saisissant leurs pensées, leur répondit : « Pourquoi ces pensées dans vos cœurs ? Qu'est-ce qui est le plus facile ? Dire : "Tes péchés te sont pardonnés", ou dire : "Lève-toi et marche" ? Eh bien ! Afin que vous sachiez que le Fils de l'homme a autorité sur la terre pour pardonner les péchés, – Jésus s'adressa à celui qui était paralysé – je te le dis, lève-toi, prends ta civière et retourne dans ta maison. » À l'instant même,

celui-ci se releva devant eux, il prit ce qui lui servait de lit et s'en alla dans sa maison en rendant gloire à Dieu. Tous furent saisis de stupeur et ils rendaient gloire à Dieu. Remplis de crainte, ils disaient : « Nous avons vu des choses extraordinaires aujourd'hui ! »

Prière sur les offrandes

Nous t'offrons, Seigneur, ces dons prélevés sur les bienfaits reçus de toi : nous t'en prions, accueille-les ; puisse la célébration fervente, que tu nous donnes d'accomplir dans le temps présent, nous obtenir la rédemption éternelle. Par le Christ, notre Seigneur. — ***Amen.*** *1re préface de l'Avent, p. 242.*

Antienne de la communion

Viens, Seigneur,
nous visiter dans la paix ;
en ta présence
nous goûterons la joie.
(cf. Ps 105, 4-5 ; Is 38, 3)

Prière après la communion

Nous t'en prions, Seigneur, fais fructifier en nous les mystères que nous avons célébrés : tandis que nous marchons dans ce monde qui passe, tu nous enseignes par eux à aimer dès maintenant les biens du ciel, et à nous attacher à ceux qui demeurent. Par le Christ, notre Seigneur. — ***Amen.***

INVITATION

C'est le début de la deuxième semaine de l'Avent : dans ce temps de montée vers la lumière, je contemple dans ma crèche celui qui s'est fait homme.

COMMENTAIRE

Du pardon à la guérison

Luc 5, 17-26

« Tes péchés te sont pardonnés [...] Lève-toi et marche. » Le chemin de guérison que Jésus propose à ses interlocuteurs peut sembler naïf. Cette voie vitale passe par le pardon qui permet au paralysé, porté par la foi des autres, de devenir bénéficiaire d'une guérison complète : il retrouve ses forces et rétablit son lien d'amour avec Dieu. Célébrer l'Avent, c'est se laisser toucher par cette Parole qui relève au-delà de toute raison ou de tout jugement. ■

Jean-Paul Musangania, prêtre assomptionniste

❊ CLÉ DE LECTURE

« Sinon Dieu seul ? »

Luc 5, 21 *(p. 88)*

L'interrogation scandalisée des pharisiens nous engage à relire ce récit en observant les agents de l'action : en premier, « la puissance du Seigneur », le « Kurios » est en grec le nom même de Dieu. C'est lui qui guérit et pardonne, accomplit ces œuvres extraordinaires, et c'est à lui que le paralysé et les foules rendent grâce. Mais Dieu agit toujours par des intermédiaires humains, tout le récit le manifeste : Jésus s'émerveille de la foi de ceux qui portent le malade, ce qui le conduit à dire : « Tes péchés te sont pardonnés. » Devant l'incrédulité des savants, il se désigne alors comme le Fils de l'homme qui a autorité sur les forces du Mal. Une autorité qu'il tient de Dieu, et qu'il reconnaît à tout homme qui, comme lui, agit par la foi. ■

Roselyne Dupont-Roc, bibliste

MARDI 12 DÉCEMBRE 2023

2[E] SEMAINE DE L'AVENT COULEUR LITURGIQUE : VIOLET

Temps de l'Avent, *messe de la férie*
ou **bienheureuse Vierge Marie de Guadaloupé**

10 - 16

Antienne d'ouverture

Voici que le Seigneur viendra, et tous les saints avec lui ; on verra, ce jour-là, une grande lumière. (cf. Za 14, 5.7)

Prière

Seigneur Dieu, tu as manifesté jusqu'aux extrémités de la terre celui qui apporte ton salut ; nous t'en prions, accorde-nous d'attendre dans la joie le jour glorieux de sa naissance. Lui qui… — ***Amen.***

Lecture

du livre du prophète Isaïe (40, 1-11)

Dieu console son peuple

Consolez, consolez mon peuple, – dit votre Dieu – parlez au cœur de Jérusalem. Proclamez que son service est accompli, que son crime est expié, qu'elle a reçu de la main du Seigneur le double pour toutes ses fautes. Une voix proclame : « Dans le désert, préparez le chemin du Seigneur ; tracez droit, dans les terres arides, une route pour notre Dieu. Que tout ravin soit comblé, toute montagne et toute colline abaissées ! que les escarpements se changent en plaine, et les sommets, en large vallée ! Alors se révélera la gloire du Seigneur, et tout être de chair

verra que la bouche du Seigneur a parlé. » Une voix dit : « Proclame ! » Et je dis : « Que vais-je proclamer ? » Toute chair est comme l'herbe, toute sa grâce, comme la fleur des champs : l'herbe se dessèche et la fleur se fane quand passe sur elle le souffle du Seigneur. Oui, le peuple est comme l'herbe : l'herbe se dessèche et la fleur se fane, mais la parole de notre Dieu demeure pour toujours.
Monte sur une haute montagne, toi qui portes la bonne nouvelle à Sion. Élève la voix avec force, toi qui portes la bonne nouvelle à Jérusalem. Élève la voix, ne crains pas. Dis aux villes de Juda : « Voici votre Dieu ! » Voici le Seigneur Dieu ! Il vient avec puissance ; son bras lui soumet tout. Voici le fruit de son travail avec lui, et devant lui, son ouvrage. Comme un berger, il fait paître son troupeau : son bras rassemble les agneaux, il les porte sur son cœur, il mène les brebis qui allaitent.
– Parole du Seigneur.

Psaume 95 (96)

℟ ***Voici le Seigneur Dieu ! Il vient avec puissance.***

Chantez au Seigneur un chant nouveau,
chantez au Seigneur, terre entière,
chantez au Seigneur et bénissez son nom ! ℟

Racontez à tous les peuples sa gloire,
allez dire aux nations : « Le Seigneur est roi ! »
Il gouverne les peuples avec droiture. ℟

Joie au ciel ! Exulte la terre !
Les masses de la mer mugissent,
la campagne tout entière est en fête. ℟

Les arbres des forêts dansent de joie
devant la face du Seigneur, car il vient,
car il vient pour juger la terre. ℟

Acclamation de l'Évangile

Alléluia, Alléluia. Il est proche, le jour du Seigneur ; le voici qui vient nous sauver. ***Alléluia.***

Évangile de Jésus Christ

selon saint Matthieu (18, 12-14)

« Dieu ne veut pas qu'un seul de ces petits soit perdu »

En ce temps-là, Jésus disait à ses disciples : « Quel est votre avis ? Si un homme possède cent brebis et que l'une d'entre elles s'égare, ne va-t-il pas laisser les 99 autres dans la montagne pour partir à la recherche de la brebis égarée ? Et, s'il arrive à la retrouver, amen, je vous le dis : il se réjouit pour elle plus que pour les 99 qui ne se sont pas égarées. Ainsi, votre Père qui est aux cieux ne veut pas qu'un seul de ces petits soit perdu. »

Prière sur les offrandes

Laisse-toi fléchir, Seigneur, par nos offrandes et nos humbles prières ; nous ne pouvons pas invoquer nos mérites, viens par ta grâce à notre secours. Par le Christ, notre Seigneur. ***— Amen.***

1re préface de l'Avent, p. 242.

Antienne de la communion

Le Seigneur, le juste juge,
remettra la couronne
de justice à tous ceux
qui désirent avec amour
sa Manifestation glorieuse.
(cf. 2 Tm 4, 8)

Prière après la communion
Comblés par cette nourriture spirituelle, nous te supplions, Seigneur : quand nous participons à ce mystère, apprends-nous à évaluer avec sagesse les réalités de ce monde et à nous attacher aux biens du ciel. Par le Christ, notre Seigneur. **— *Amen.***

INVITATION

« Votre Père qui est aux cieux ne veut pas qu'un seul de ces petits soit perdu. »
Je peux prier pour des enfants de mon entourage.

COMMENTAIRE

Un modèle d'intégration

Matthieu 18, 12-14

Comme un berger attentionné, Jésus accorde la priorité à la recherche et à l'accueil inconditionnel de la brebis égarée. Bien loin de condamner nos égarements, le Bon Berger prend le risque de nous rejoindre. Il ne nous laisse jamais seuls. Il intègre au lieu d'exclure car chacun a du prix à ses yeux. Refuser d'accueillir sa main toujours tendue pourrait nous éloigner d'un Dieu plein de sollicitude à l'égard de tous. ■

***Jean-Paul Musangania**, prêtre assomptionniste*

MERCREDI 13 DÉCEMBRE 2023

2E SEMAINE DE L'AVENT COULEUR LITURGIQUE : ROUGE

Sainte Lucie

IIIe-IVe siècles. Jeune chrétienne, martyrisée à Syracuse (Sicile), au moment des persécutions de l'empereur Dioclétien.

10 - 16

Antienne d'ouverture

Bienheureuse vierge, renonçant à elle-même
et portant sa croix, elle a imité le Seigneur,
époux des vierges et prince des martyrs.

OU

Voici qu'elle suit l'Agneau, crucifié pour nous,
la vierge fidèle, victime pure, offrande immaculée.

Prière

Nous t'en prions, Seigneur : que sainte Lucie, vierge et martyre, intercède pour nous dans la gloire et qu'elle ranime notre ferveur, pour que nous chantions aujourd'hui sa naissance au ciel et puissions contempler les réalités éternelles. Par Jésus… — ***Amen.***

Lecture

du livre du prophète Isaïe (40, 25-31)

Le Seigneur de l'univers « rend des forces à l'homme fatigué »

À qui pourriez-vous me comparer, qui pourrait être mon égal ? – dit le Dieu saint. Levez les yeux et regardez : qui a créé tout cela ? Celui qui déploie toute l'armée des étoiles, et les appelle chacune par

son nom. Si grande est sa force, et telle est sa puissance que pas une seule ne manque. Jacob, pourquoi dis-tu, Israël, pourquoi affirmes-tu : « Mon chemin est caché au Seigneur, mon droit échappe à mon Dieu » ? Tu ne le sais donc pas, tu ne l'as pas entendu ? Le Seigneur est le Dieu éternel, il crée jusqu'aux extrémités de la terre, il ne se fatigue pas, ne se lasse pas. Son intelligence est insondable. Il rend des forces à l'homme fatigué, il augmente la vigueur de celui qui est faible. Les garçons se fatiguent, se lassent, et les jeunes gens ne cessent de trébucher, mais ceux qui mettent leur espérance dans le Seigneur trouvent des forces nouvelles ; ils déploient comme des ailes d'aigles, ils courent sans se lasser, ils marchent sans se fatiguer.
– Parole du Seigneur.

Psaume 102 (103)

℟ ***Bénis le Seigneur, ô mon âme !***

Bénis le Seigneur, ô mon âme,
bénis son nom très saint, tout mon être !
Bénis le Seigneur, ô mon âme,
n'oublie aucun de ses bienfaits ! ℟

Car il pardonne toutes tes offenses
et te guérit de toute maladie ;
il réclame ta vie à la tombe
et te couronne d'amour et de tendresse. ℟

Le Seigneur est tendresse et pitié,
lent à la colère et plein d'amour ;
il n'agit pas envers nous selon nos fautes,
ne nous rend pas selon nos offenses. ℟

Acclamation de l'Évangile

Alléluia, Alléluia. Il viendra, le Seigneur, pour sauver son peuple. Heureux ceux qui seront prêts à partir à sa rencontre ! ***Alléluia.***

Évangile de Jésus Christ

selon saint Matthieu (11, 28-30)

« Venez à moi, vous tous qui peinez »

En ce temps-là, Jésus prit la parole : « Venez à moi, vous tous qui peinez sous le poids du fardeau, et moi, je vous procurerai le repos. Prenez sur vous mon joug, devenez mes disciples, car je suis doux et humble de cœur, et vous trouverez le repos pour votre âme. Oui, mon joug est facile à porter, et mon fardeau, léger. »

Prière sur les offrandes

Seigneur, nous te présentons ces offrandes en célébrant sainte Lucie : accepte-les avec bienveillance, nous t'en prions, comme tu as accueilli le combat de son martyre. Par le Christ, notre Seigneur. – ***Amen.***

1re préface de l'Avent, p. 242.

Antienne de la communion

L'Agneau qui se tient
au milieu du Trône
les conduira aux sources
des eaux de la vie. (cf. Ap 7, 17)

MERCREDI 13 DÉCEMBRE 2023

Prière après la communion
Seigneur Dieu, tu as donné à sainte Lucie d'être couronnée parmi les saints, au double titre de vierge et de martyre ; par la force de ce sacrement, rends-nous forts pour surmonter le mal et obtenir ainsi la gloire du ciel. Par le Christ, notre Seigneur. — ***Amen.***

INVITATION

Jésus nous invite à venir à lui. En confiance, je prends le temps de lui remettre mes différents fardeaux afin qu'il me procure le repos.

COMMENTAIRE

Un pilier solide

Matthieu 11, 28-30

« Venez à moi, vous tous qui peinez sous le poids du fardeau. » Jésus rejoint au plus profond de leurs souffrances tous ceux que la vie maltraite. Vrai compagnon de route, le Christ propose aux personnes en proie au stress ou à l'angoisse de s'en remettre à lui. Il est pour nous une aide sûre, un pilier, il nous apprend comment porter nos « croix », qu'elles soient de grandes épreuves ou des blessures de la vie de tous les jours. ■

Jean-Paul Musangania, prêtre assomptionniste

JEUDI 14 DÉCEMBRE 2023

2E SEMAINE DE L'AVENT COULEUR LITURGIQUE : BLANC

Saint Jean de la Croix

1542-1591. Grand poète mystique. À l'invitation de sainte Thérèse d'Avila, il entreprit de réformer la branche masculine du Carmel. Il endura pour cela de nombreuses persécutions.

10 - 16

Antienne d'ouverture

Que la croix de notre Seigneur Jésus Christ soit ma seule fierté.
Par elle, le monde est crucifié pour moi, et moi pour le monde. (Ga 6, 14)

Prière

Seigneur Dieu, tu inspiras au prêtre saint Jean le renoncement total à lui-même et un extraordinaire amour de la croix ; accorde-nous de suivre fidèlement son exemple, et de parvenir ainsi à la contemplation éternelle de ta gloire. Par Jésus… ***— Amen.***

Lecture

du livre du prophète Isaïe (41, 13-20)

« Ton rédempteur, c'est le Saint d'Israël »

C'est moi, le Seigneur ton Dieu, qui saisis ta main droite, et qui te dis : « Ne crains pas, moi, je viens à ton aide. » Ne crains pas, Jacob, pauvre vermisseau, Israël, pauvre mortel. Je viens à ton aide – oracle du Seigneur ; ton rédempteur, c'est le Saint d'Israël. J'ai fait de toi un traîneau à battre le grain, tout neuf, à double rang de pointes : tu vas briser les montagnes, les broyer ; tu réduiras les collines en menue paille ; tu les vanneras, un souffle les emportera, un tourbillon les dispersera.

Mais toi, tu mettras ta joie dans le Seigneur ; dans le Saint d'Israël, tu trouveras ta louange.
Les pauvres et les malheureux cherchent de l'eau, et il n'y en a pas ; leur langue est desséchée par la soif. Moi, le Seigneur, je les exaucerai, moi, le Dieu d'Israël, je ne les abandonnerai pas. Sur les hauteurs dénudées je ferai jaillir des fleuves, et des sources au creux des vallées. Je changerai le désert en lac, et la terre aride en fontaines. Je planterai dans le désert le cèdre et l'acacia, le myrte et l'olivier ; je mettrai ensemble dans les terres incultes le cyprès, l'orme et le mélèze, afin que tous regardent et reconnaissent, afin qu'ils considèrent et comprennent que la main du Seigneur a fait cela, que le Saint d'Israël en est le créateur.
– Parole du Seigneur.

Psaume 144 (145)

℟ ***Le Seigneur est tendresse et pitié, lent à la colère et plein d'amour.***

Je t'exalterai, mon Dieu, mon Roi,
je bénirai ton nom toujours et à jamais !
La bonté du Seigneur est pour tous,
sa tendresse, pour toutes ses œuvres. ℟

Que tes œuvres, Seigneur, te rendent grâce
et que tes fidèles te bénissent !
Ils diront la gloire de ton règne,
ils parleront de tes exploits. ℟

Ils annonceront aux hommes tes exploits,
la gloire et l'éclat de ton règne :
ton règne, un règne éternel,
ton empire, pour les âges des âges. ℟

Acclamation de l'Évangile

Alléluia, Alléluia. Ciel, répands ta rosée ! Nuées, faites pleuvoir le juste ! Terre, ouvre-toi, que germe le Sauveur ! ***Alléluia.***

Évangile de Jésus Christ

selon saint Matthieu (11, 11-15)

« Personne ne s'est levé de plus grand que Jean le Baptiste »

En ce temps-là, Jésus déclarait aux foules : « Amen, je vous le dis : Parmi ceux qui sont nés d'une femme, personne ne s'est levé de plus grand que Jean le Baptiste ; et cependant le plus petit dans le royaume des Cieux est plus grand que lui. Depuis les jours de Jean le Baptiste jusqu'à présent, le royaume des Cieux subit la violence, et des violents cherchent à s'en emparer. Tous les Prophètes, ainsi que la Loi, ont prophétisé jusqu'à Jean. Et, si vous voulez bien comprendre, c'est lui, le prophète Élie qui doit venir. Celui qui a des oreilles, qu'il entende ! »

Prière sur les offrandes

Dieu tout-puissant, regarde le sacrifice que nous offrons en faisant mémoire de saint Jean de la Croix : donne-nous d'imiter dans notre vie les mystères de la passion du Seigneur que nous célébrons. Lui qui… — ***Amen.***

1re préface de l'Avent, p. 242.

Antienne de la communion

Si quelqu'un veut marcher
à ma suite, dit le Seigneur,
qu'il renonce à lui-même,
qu'il prenne sa croix,
et qu'il me suive.
(cf. Mt 16, 24)

Prière après la communion

Seigneur Dieu, en saint Jean tu as fait resplendir de manière admirable le mystère de la croix ; puisque nous sommes fortifiés par ce sacrifice, accorde-nous de rester fidèlement unis au Christ, et de travailler dans l'Église au salut de tous. Par le Christ, notre Seigneur. — ***Amen.***

INVITATION

En ce jour où l'on fête Jean de la Croix, je confie au Seigneur le ministère du ou des prêtres de ma paroisse.

COMMENTAIRE

Grande humilité Matthieu 11, 11-15

« Le plus petit dans le royaume des Cieux est plus grand que lui. » Voilà un message d'humilité et de conversion, qui nous aide à réguler notre conduite. Certes, dans le royaume des Cieux, le plus petit c'est Jésus, l'Enfant de Bethléem, et nous le recevrons dans nos bras à Noël. Notre vraie grandeur réside dans son humilité. Au lieu de nous estimer supérieurs aux autres, rendons-nous attentifs aux personnes vulnérables. ■

Jean-Paul Musangania, *prêtre assomptionniste*

VENDREDI 15 DÉCEMBRE 2023

2e SEMAINE DE L'AVENT COULEUR LITURGIQUE : VIOLET

Temps de l'Avent, *messe de la férie*

Antienne d'ouverture

Voici que le Seigneur viendra avec splendeur, pour visiter son peuple dans la paix et lui donner la vie éternelle.

Prière

Nous t'en prions, Dieu tout-puissant, accorde à ton peuple d'attendre avec une grande vigilance l'avènement de ton Fils unique ; puissions-nous, comme l'enseigne notre Sauveur, rester en éveil et nous hâter à sa rencontre avec nos lampes allumées. Lui qui… — ***Amen.***

10 - 16

Lecture

du livre du prophète Isaïe (48, 17-19)

« Si tu avais prêté attention à mes commandements ! »

Ainsi parle le Seigneur, ton rédempteur, Saint d'Israël : Je suis le Seigneur ton Dieu, je te donne un enseignement utile, je te guide sur le chemin où tu marches. Si seulement tu avais prêté attention à mes commandements, ta paix serait comme un fleuve, ta justice, comme les flots de la mer. Ta postérité serait comme le sable, comme les grains de sable, ta descendance ; son nom ne serait ni retranché ni effacé devant moi.

– Parole du Seigneur.

Psaume 1

℟ ***Qui marche à ta suite, Seigneur, aura la lumière de la vie.***

Heureux est l'homme qui n'entre pas
au conseil des méchants,
qui ne suit pas le chemin des pécheurs,
ne siège pas avec ceux qui ricanent,
mais se plaît dans la loi du Seigneur
et murmure sa loi jour et nuit ! ℟

Il est comme un arbre planté
près d'un ruisseau,
qui donne du fruit en son temps,
et jamais son feuillage ne meurt ;
tout ce qu'il entreprend réussira.
Tel n'est pas le sort des méchants. ℟

Mais ils sont comme la paille
balayée par le vent.
Le Seigneur connaît le chemin des justes,
mais le chemin des méchants se perdra. ℟

Acclamation de l'Évangile

Alléluia, Alléluia. Le Seigneur vient : allez à sa rencontre ! C'est lui le Prince de la paix. ***Alléluia.***

Évangile de Jésus Christ

selon saint Matthieu (11, 16-19)

Ils n'écoutent ni Jean ni le Fils de l'homme

En ce temps-là, Jésus déclarait aux foules : « À qui vais-je comparer cette génération ? Elle ressemble à des gamins assis sur les places, qui en interpellent d'autres en disant : "Nous vous avons joué de la flûte, et vous n'avez pas dansé. Nous avons chanté des lamentations,

et vous ne vous êtes pas frappé la poitrine." Jean est venu, en effet ; il ne mange pas, il ne boit pas, et l'on dit : "C'est un possédé !" Le Fils de l'homme est venu ; il mange et il boit, et l'on dit : "Voilà un glouton et un ivrogne, un ami des publicains et des pécheurs." Mais la sagesse de Dieu* a été reconnue juste à travers ce qu'elle fait. »

Prière sur les offrandes

Laisse-toi fléchir, Seigneur, par nos offrandes et nos humbles prières ; nous ne pouvons pas invoquer nos mérites, viens par ta grâce à notre secours. Par le Christ, notre Seigneur. — ***Amen.***

1re préface de l'Avent, p. 242.

Antienne de la communion

Nous attendons comme sauveur
le Seigneur Jésus Christ,
lui qui transformera nos pauvres
corps à l'image de son corps glorieux.
(cf. Ph 3, 20-21)

Prière après la communion

Comblés par cette nourriture spirituelle, nous te supplions, Seigneur : quand nous participons à ce mystère, apprends-nous à évaluer avec sagesse les réalités de ce monde et à nous attacher aux biens du ciel. Par le Christ, notre Seigneur. — ***Amen.***

INVITATION

En me joignant au psalmiste, je peux répéter plusieurs fois :
« Qui marche à ta suite, Seigneur, aura la lumière de la vie. »

COMMENTAIRE

Entrons dans la danse

Matthieu 11, 16-19

« Nous avons joué de la flûte et vous n'avez pas dansé. » Jésus réagit à notre indifférence et à notre manque de confiance, surtout quand nous peinons à accueillir la Bonne Nouvelle du salut. Il nous apprend à lâcher prise pour mieux entendre son appel et pour entrer dans un chemin de transformation intérieure. Au cours de cet Avent, sortir de nos doutes, quitter notre indifférence nous permettra de reconnaître celui dont nous célébrons la venue. ■

***Jean-Paul Musangania**, prêtre assomptionniste*

❊ CLÉ DE LECTURE

« La sagesse de Dieu »

Matthieu 11, 19 *(p. 105)*

Dans ce texte un peu énigmatique, Jésus se désigne lui-même comme le Fils de l'homme et se présente aussitôt comme la sagesse de Dieu. Ces termes nous invitent à avancer dans son mystère : il est l'être humain en qui Dieu manifeste toute sa sagesse. Mais, au contraire du Baptiste, Jésus ne vit pas en ascète, il boit, il mange, s'entoure de collaborateurs douteux, d'hommes et de femmes tenus pour impurs et pécheurs. L'aurions-nous compris et approuvé ? Or, c'est en cela que la sagesse de Dieu révèle sa justice. Une justice qui est un ajustement de chacun à Dieu, une « justification » écrira Paul. Ceux qui nous semblent le plus éloignés de Dieu, voilà ceux que Jésus, sagesse de Dieu, est venu réajuster à son Père. Nous aussi, nous en faisons partie ! ■

***Roselyne Dupont-Roc**, bibliste*

SAMEDI 16 DÉCEMBRE 2023

2E SEMAINE DE L'AVENT COULEUR LITURGIQUE : VIOLET

Temps de l'Avent, *messe de la férie*

10 - 16

Antienne d'ouverture

Viens, Seigneur, toi qui sièges au-dessus des Kéroubim ; montre-nous ton visage, et nous serons sauvés.

(cf. Ps 79, 4.2)

Prière

Que se lève en nos cœurs la splendeur de ta gloire, nous t'en prions, Dieu tout-puissant ; ainsi, l'avènement de ton Fils unique, dissipant les ombres de la nuit, fera voir au grand jour que nous sommes fils de la lumière. Par Jésus… ***— Amen.***

Lecture

du livre de Ben Sira le Sage (48, 1-4.9-11)

Élie doit revenir

En ces jours-là, le prophète Élie surgit comme un feu, sa parole brûlait comme une torche. Il fit venir la famine sur Israël, et, dans son ardeur, les réduisit à un petit nombre. Par la parole du Seigneur, il retint les eaux du ciel, et à trois reprises il en fit descendre le feu. Comme tu étais redoutable, Élie, dans tes prodiges ! Qui pourrait se glorifier d'être ton égal ?

Toi qui fus enlevé dans un tourbillon de feu par un char aux coursiers de feu ; toi qui fus préparé pour la fin des temps, ainsi qu'il est écrit, afin d'apaiser la colère avant qu'elle n'éclate, afin de ramener le cœur des pères vers les fils et de rétablir les tribus de Jacob… heureux ceux qui te verront, heureux ceux qui, dans l'amour, se seront endormis ; nous aussi, nous posséderons la vraie vie.

– Parole du Seigneur.

Psaume 79 (80)

℟ ***Dieu, fais-nous revenir ; que ton visage s'éclaire, et nous serons sauvés !***

Berger d'Israël, écoute,
resplendis au-dessus des Kéroubim !
Réveille ta vaillance
et viens nous sauver. ℟

Dieu de l'univers, reviens !
Du haut des cieux, regarde et vois :
visite cette vigne, protège-la,
celle qu'a plantée ta main puissante. ℟

Que ta main soutienne ton protégé,
le fils de l'homme qui te doit sa force.
Jamais plus nous n'irons loin de toi :
fais-nous vivre et invoquer ton nom ! ℟

Acclamation de l'Évangile

Alléluia. Alléluia. Préparez le chemin du Seigneur, rendez droits ses sentiers : tout être vivant verra le salut de Dieu. ***Alléluia.***

Évangile de Jésus Christ

selon saint Matthieu (17, 10-13)

Élie est déjà venu et ils ne l'ont pas reconnu

Descendant de la montagne, les disciples interrogèrent Jésus : « Pourquoi donc les scribes disent-ils que le prophète Élie doit venir d'abord ? » Jésus leur répondit : « Élie va venir pour remettre toute chose à sa place. Mais, je vous le déclare : Élie est déjà venu ; au lieu de le reconnaître, ils lui ont fait tout ce qu'ils ont voulu. Et de même, le Fils de l'homme va souffrir par eux. »
Alors les disciples comprirent qu'il leur parlait de Jean le Baptiste.

Prière sur les offrandes

Nous t'en prions, Seigneur, accorde-nous de t'offrir toujours ce sacrifice d'un cœur généreux : qu'il réalise le mystère sacré que tu as institué, et opère en nous ton salut avec puissance. Par le Christ, notre Seigneur. **— *Amen.***

1re préface de l'Avent, p. 242.

Antienne de la communion

Voici que je viens sans tarder,
dit le Seigneur, et j'apporte avec moi
le salaire que je vais donner
à chacun selon ce qu'il a fait.
(Ap 22, 12)

Prière après la communion
Nous implorons, Seigneur, ta bonté : que ce réconfort divin nous délivre de nos penchants mauvais et nous prépare aux fêtes qui approchent. Par le Christ, notre Seigneur. — ***Amen.***

INVITATION

Le pape nous invite ce mois-ci à prier particulièrement pour les personnes en situation de handicap. Je m'associe à cette intention (lire p. 6).

COMMENTAIRE

Accueillir les signes Matthieu 17, 10-13

« Élie est déjà venu ; au lieu de le reconnaître, ils lui ont fait tout ce qu'ils ont voulu. » Cette interpellation est vigoureuse. Elle rejoint chacun d'entre nous, elle résonne comme une urgence à repérer les signes annonciateurs du Royaume dans la vie quotidienne. Cela passe par l'accueil que nous réservons à ceux qui nous parlent du Christ. Un accueil qui nous incite également à faire la vérité sur nous-mêmes et sur les autres. ■

***Jean-Paul Musangania,** prêtre assomptionniste*

DIMANCHE 17 DÉCEMBRE 2023

3ᴱ DIMANCHE DE L'AVENT

ANNÉE B – COULEUR LITURGIQUE : VIOLET OU ROSE

« Redressez le chemin du Seigneur. »
Jean 1, 23

Réjouissons-nous, bientôt nous fêterons la venue du Messie dans le monde. Il annonce la bonne nouvelle aux humbles, il guérit ceux qui ont le cœur brisé, proclame aux captifs leur délivrance, aux prisonniers leur libération. Aujourd'hui, emboîtons le pas du Christ. Comme lui, apportons au monde l'espérance et la joie de la Bonne Nouvelle.

DIMANCHE 17 DÉCEMBRE 2023

RITES INITIAUX

Chant d'entrée *(Suggestions p. 264)*

OU

Antienne d'ouverture

Soyez toujours dans la joie du Seigneur ;
je le redis : soyez dans la joie.
Le Seigneur est proche. (Ph 4, 4.5)

Suggestion de préparation pénitentielle *(ou p. 236)*

Frères et sœurs, bientôt le Messie va venir. Dans la joie et la confiance, préparons-nous à célébrer le mystère de l'eucharistie, en reconnaissant que nous avons péché.

Seigneur Jésus, venu annoncer la bonne nouvelle aux humbles, tu proclames aux captifs leur délivrance. Seigneur, prends pitié.

— Seigneur, prends pitié.

Ô Christ, venu guérir ceux qui ont le cœur brisé, tu annonces aux prisonniers leur libération. Ô Christ, prends pitié.

— Ô Christ, prends pitié.

Seigneur, venu semer la justice dans le monde, tu fais germer la louange devant toutes les nations. Seigneur, prends pitié.

— Seigneur, prends pitié.

Que Dieu tout-puissant nous fasse miséricorde ; qu'il nous pardonne nos péchés et nous conduise à la vie éternelle. ***— Amen.***

Pendant l'Avent, on omet le Gloire à Dieu.

Prière

Tu le vois, Seigneur Dieu, ton peuple attend avec foi la fête de la naissance de ton Fils; nous t'en prions, accorde-nous de parvenir au bonheur d'un tel salut, et de le célébrer solennellement avec une joie toujours nouvelle. Par Jésus… ***— Amen.***

LITURGIE DE LA PAROLE

Lecture du livre du prophète Isaïe (61, 1-2a.10-11)

« Je tressaille de joie dans le Seigneur »

L'esprit du Seigneur Dieu est sur moi parce que le Seigneur m'a consacré par l'onction. Il m'a envoyé annoncer la bonne nouvelle aux humbles, guérir ceux qui ont le cœur brisé, proclamer aux captifs leur délivrance, aux prisonniers leur libération, proclamer une année de bienfaits accordée par le Seigneur.

Je tressaille de joie dans le Seigneur, mon âme exulte en mon Dieu. Car il m'a vêtu des vêtements du salut, il m'a couvert du manteau de la justice, comme le jeune marié orné du diadème, la jeune mariée que parent ses joyaux. Comme la terre fait éclore son germe, et le jardin, germer ses semences, le Seigneur Dieu fera germer la justice et la louange devant toutes les nations.

– Parole du Seigneur.

DIMANCHE 17 DÉCEMBRE 2023

Cantique Luc 1, 46b-48, 49-50, 53-54

℟ ***Mon âme exulte en mon Dieu.***

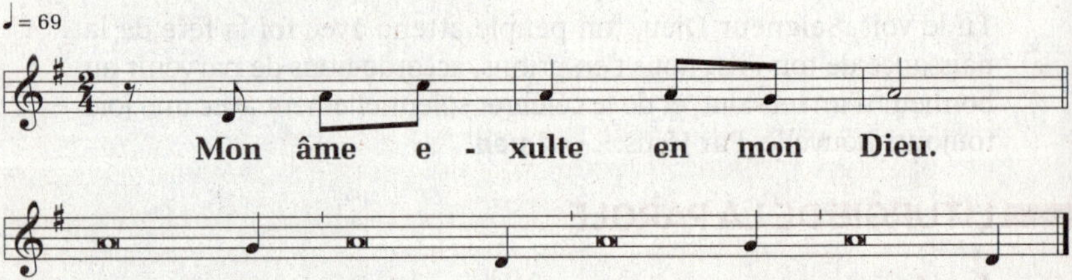

T. : AELF ; M. : T. Ospital ; Éd. : ADF.

Mon âme exalte le Seigneur,
exulte mon esprit en Dieu, mon Sauveur !
Il s'est penché sur son humble servante ;
désormais tous les âges me diront bienheureuse. ℟

Le Puissant fit pour moi des merveilles ;
Saint est son nom !
Sa miséricorde s'étend d'âge en âge
sur ceux qui le craignent. ℟

Retrouvez ce psaume sur le CD "Les psaumes de l'année B"

Il comble de biens les affamés,
renvoie les riches les mains vides.
Il relève Israël son serviteur,
il se souvient de son amour. ℟

Lecture de la première lettre de saint Paul apôtre aux Thessaloniciens (5, 16-24)

« Que votre esprit, votre âme et votre corps soient gardés pour la venue du Seigneur »

Frères, soyez toujours dans la joie, priez sans relâche, rendez grâce en toute circonstance : c'est la volonté de Dieu à votre égard dans le Christ Jésus. N'éteignez pas l'Esprit, ne méprisez pas les prophéties, mais discernez la valeur de toute chose : ce qui est bien, gardez-le ; éloignez-vous de toute espèce de mal.
Que le Dieu de la paix lui-même vous sanctifie tout entiers ; que votre esprit, votre âme et votre corps, soient tout entiers gardés sans reproche pour la venue de notre Seigneur Jésus Christ. Il est fidèle, Celui qui vous appelle : tout cela, il le fera.
– Parole du Seigneur.

Acclamation de l'Évangile

Alléluia. Alléluia. L'Esprit du Seigneur est sur moi : il m'a envoyé porter la Bonne Nouvelle aux pauvres. ***Alléluia.***

T. : AELF; M. : P. Robert.

Évangile de Jésus Christ selon saint Jean (1, 6-8.19-28)

« Au milieu de vous se tient
celui que vous ne connaissez pas »

Il y eut un homme envoyé par Dieu ; son nom était Jean. Il est venu comme témoin, pour rendre témoignage à la Lumière, afin que tous croient par lui. Cet homme n'était pas la Lumière, mais il était là pour rendre témoignage à la Lumière.
Voici le témoignage de Jean, quand les Juifs lui envoyèrent de Jérusalem des prêtres et des lévites pour lui demander : « Qui

es-tu ? » Il ne refusa pas de répondre, il déclara ouvertement : « Je ne suis pas le Christ. » Ils lui demandèrent : « Alors qu'en est-il ? Es-tu le prophète Élie ? » Il répondit : « Je ne le suis pas. – Es-tu le Prophète annoncé ? » Il répondit : « Non. » Alors ils lui dirent : « Qui es-tu ? Il faut que nous donnions une réponse à ceux qui nous ont envoyés. Que dis-tu sur toi-même ? » Il répondit : « *Je suis la voix de celui qui crie dans le désert : Redressez le chemin du Seigneur,* comme a dit le prophète Isaïe. » Or, ils avaient été envoyés de la part des pharisiens. Ils lui posèrent encore cette question : « Pourquoi donc baptises-tu, si tu n'es ni le Christ, ni Élie, ni le Prophète ? » Jean leur répondit : « Moi, je baptise dans l'eau. Mais au milieu de vous se tient celui que vous ne connaissez pas ; c'est lui qui vient derrière moi, et je ne suis pas digne de délier la courroie de sa sandale. »
Cela s'est passé à Béthanie, de l'autre côté du Jourdain, à l'endroit où Jean baptisait.

Homélie

Profession de foi *(p. 239)*

Suggestion de prière universelle

Le prêtre : Frères et sœurs, Noël approche à grands pas. Dans la joie et l'allégresse, tournons-nous vers le Christ. Confions-lui nos prières pour tous les habitants de la terre.

℟ ***Toi qui nous aimes, écoute-nous, Seigneur.***

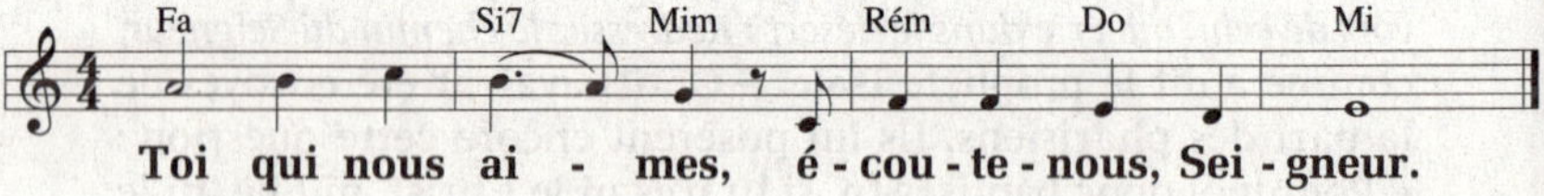

Y 55-4 SM; T. : M. Scouarnec; M. : J. Akepsimas.

Le diacre ou un lecteur :

Jubilons, débordons de gratitude pour les personnes qui, dans notre Église, annoncent avec humilité la Bonne Nouvelle. Prions pour celles qui souffrent de lassitude ou d'épuisement. Ensemble, prions. ℟

Jubilons, débordons d'allégresse pour les responsables politiques et économiques qui luttent pour davantage de justice. Prions pour ceux qui peinent à faire entendre la voix des plus fragiles. Ensemble, prions. ℟

Jubilons, soyons heureux pour les personnes en situation de handicap bien insérées dans la société. Prions pour que les institutions veillent à la participation active de toutes. Avec l'Église universelle, prions. ℟

Jubilons, débordons de reconnaissance pour les lieux de prières, d'écoute ou de solidarité de notre paroisse. Prions pour que ces groupes continuent à œuvrer dans la fidélité et le bonheur. Ensemble, prions. ℟

(Ces intentions seront adaptées ou modifiées selon les circonstances.)

Le prêtre :

Ô Jésus, toi le Messie dont nous fêterons bientôt la naissance, écoute nos prières, daigne les exaucer, toi qui vis et règnes pour les siècles des siècles. — ***Amen.***

LITURGIE EUCHARISTIQUE

Prière sur les offrandes

Nous t'en prions, Seigneur, accorde-nous de t'offrir toujours ce sacrifice d'un cœur généreux : qu'il réalise le mystère sacré que tu as institué, et opère en nous ton salut avec puissance. Par le Christ, notre Seigneur. — ***Amen.***

Prière eucharistique

(1re préface de l'Avent, p. 242)

Chant de communion

(Suggestions p. 264)

OU

Antienne de la communion

Dites aux esprits abattus : « Soyez forts, ne craignez pas.
Voici notre Dieu : il vient et va nous sauver. » (cf. Is 35, 4)

Prière après la communion

Nous implorons, Seigneur, ta bonté : que ce réconfort divin nous délivre de nos penchants mauvais et nous prépare aux fêtes qui approchent. Par le Christ, notre Seigneur. **— *Amen.***

RITE DE CONCLUSION

Bénédiction solennelle

Vous croyez que le Fils unique de Dieu est déjà venu, et vous attendez qu'il vienne de nouveau ; à la clarté de son avènement, que Dieu tout-puissant, dans sa miséricorde, vous sanctifie et vous comble de sa bénédiction. **— *Amen.***
Dans le combat de cette vie, qu'il rende ferme votre foi, joyeuse, votre espérance, efficace, votre charité. **— *Amen.***
La venue prochaine de notre Rédempteur selon la chair vous procure déjà une joie spirituelle ; lors de son avènement dans la gloire, qu'il vous donne la récompense de la vie éternelle. **— *Amen.***
Et que la bénédiction de Dieu tout-puissant, le Père, et le Fils, ✠ et le Saint-Esprit, descende sur vous et y demeure toujours. **— *Amen.***

Envoi

COMMENTAIRE DU DIMANCHE

Tommy Scholtes, prêtre jésuite, *Prions en Église* Belgique

Tressaillez de joie !

Le prophète Isaïe ne mâche pas ses mots. La joie se manifeste souvent par des sourires, des applaudissements, un bien-être, une paix intérieure. Tout cela est vrai. Mais Isaïe suggère que tout notre être profond soit pris par la joie. Se sentir en même temps envoyé auprès des humbles, les plus pauvres, guérir ceux qui ont le cœur brisé... Proclamer que les temps changent, non pas en dramatisant mais en stimulant, en encourageant, en étant nous-mêmes habités par une telle joie qu'elle en devient communicative car « le Seigneur Dieu fera germer la justice et la louange devant toutes les nations ».
Le Magnificat exprime la même joie. Celle qui habite Marie à partir du « oui » qu'elle dit à la vie divine en elle, celle que nous pouvons dire à la suite de notre foi. Et, oui, elle bouleverse nos •••

••• pensées et nos actes et nous remet dans le sens de la vie en Dieu. Nous aussi, nous pouvons « combler de biens les affamés ». En particulier les affamés de paix et de justice.
Cela nous invite à un Avent fait de prière, d'action de grâce, où nous n'éteignons pas l'Esprit qui est en nous. Cela nous amènera peut-être à discerner ce qui est bien et moins bien en nous pour orienter toujours plus nos vies dans le sens du Seigneur Jésus qui vient.

Qui sont ceux et celles que je peux rejoindre dans leur soif et leur faim ?
Comment garder la joie intérieure quand la vie me semble lourde ? ■

PrionsenÉglise junior

LIRE L'ÉVANGILE AVEC LES ENFANTS

CE QUE JE DÉCOUVRE

En ce moment, les rues et les magasins sont illuminés : c'est bientôt Noël ! Les lumières éclairent, guident les hommes dans la nuit, elles donnent aussi de la joie. **Jean Baptiste annonce qu'il y a une autre lumière qui peut passer inaperçue, Jésus.** Lui n'éblouit pas, ne s'éteint jamais et nous conduit vers Dieu.

CE QUE JE VIS

Quand as-tu besoin de lumière ? Par quels gestes peux-tu, comme Jean, devenir témoin de Jésus ?
Avec l'aide d'un adulte, allume une bougie et prie pour toutes les personnes qui ne connaissent pas Dieu.

Texte : Cédric Kuntz. Illustrations : Marcellino Truong

MÉDITATION BIBLIQUE

3E DIMANCHE DE L'AVENT

Évangile selon saint Jean 1, 6-8.19-28

La Lumière qui dérange

Noël est l'accueil d'une Lumière difficile à classer, qui ne cesse de surprendre. C'est aussi le bon moment pour se mettre à son service.

Le temps de la préparation

« Alors celui qui siégeait sur le Trône déclara : "Voici que je fais toutes choses nouvelles." Et il dit : "Écris, car ces paroles sont dignes de foi et vraies." » (Ap 21, 5)

Le temps de l'observation

Il y a dans l'évangile du jour l'aube d'une nouveauté. Des religieux viennent voir Jean Baptiste pour comprendre qui il est, pour savoir où le situer dans le panorama religieux de l'époque. Pour ce faire, ils utilisent l'histoire qu'ils connaissent, les croyances et les personnages de leur tradition. Mais le Baptiste est décevant. Il nie être quelqu'un de connu ou d'important. Il n'est ni le Christ, ni Élie, ni un Prophète sans pour autant contredire la pertinence de ces références. Il n'est pas celui que l'on attend avec impatience. Cette difficulté à situer son rôle et sa place s'aggrave au sujet du baptême. Les personnes qui l'interrogent ne trouvent aucun sens à son action. On perçoit bien que le Baptiste déboussole et ne correspond à rien de connu dans le paysage établi. En cela, il est bien la voix qui crie dans le désert et qui annonce la venue de la Lumière. La nouveauté du Baptiste annonce la nouveauté de Jésus.

Le temps de la méditation

Jésus s'inscrit dans la Tradition et vient la déplacer. Sa lumière est si forte qu'elle se contient difficilement dans des catégories déjà connues. Sa venue vient faire déborder toutes les limites, vient renverser l'ordre établi. Jean le Baptiste annonce cette nouveauté, nous y prépare. Il raconte qu'avec Jésus, nous sortons de ce que nous maîtrisons ou que nous connaissons. Relire l'histoire de cet inconfort juste avant Noël est d'une grande utilité. Elle vient nous rappeler que Jésus a bousculé son temps et ses catégories et qu'il a invité ses disciples à le faire. Jean inaugure cette époque, lui qui dit n'être rien si ce n'est d'être au service de la Lumière qu'il annonce et de laquelle il vit déjà. Voilà de belles perspectives pour regarder Noël autrement. N'est-ce pas le bon moment pour arrêter de vouloir être quelqu'un de précis et se mettre réellement au service de cette Lumière qui surgit dans les commencements ?

Le temps de la prière

« Comme la terre fait éclore son germe, et le jardin, germer ses semences, le Seigneur Dieu fera germer la justice et la louange devant toutes les nations. » (Is 61, 11) ■

Marie-Laure Durand, bibliste

L'ÉVÉNEMENT
3E DIMANCHE DE L'AVENT

La lumière de la paix de Bethléem

Pendant l'Avent, la lumière de la paix est allumée au cœur de la grotte de Bethléem. Rapatriée en Autriche, elle circule ensuite en Europe. Les Scouts et guides de France avec les Éclaireuses et éclaireurs unionistes de France, protestants, la portent en France.

« Être un apôtre de la paix lorsqu'on est louveteau et qu'on a 10 ans, c'est très fort », raconte le père Xavier de Verchère, aumônier général des Scouts et guides de France. Les « retours des jeunes qui participent à cette démarche sont extrêmement positifs », déclare-t-il, voyant là un « lien très solide » qui se crée entre eux. « Quels que soient les origines, milieux, religions, ça attire énormément : tous sont adeptes du concept. » Tous les ans depuis 1986, durant l'Avent et jusqu'à la Chandeleur le 2 février, de nombreux scouts catholiques et protestants partagent avec d'autres la lumière de la paix, allumée dans la grotte de Bethléem. Une fois qu'elle a été rapportée en Autriche par voie aérienne, telle une flamme olympique, des scouts de l'Europe entière se rendent en Autriche pour rapatrier la lumière de la paix dans leur propre pays. Chaque année, ce sont une vingtaine de scouts français qui s'y rendent. « La diffusion de la lumière de la paix est un prétexte pour créer la rencontre », explique l'aumônier du mouvement. Une fois parvenue en France, la flamme passe dans les paroisses, prisons, hôpitaux, maisons de retraite et même dans certains monastères. Ainsi, des rencontres qui n'auraient pas pu se faire autrement ont lieu : des générations diverses discutent ensemble, des milieux se croisent… La lumière de la paix vient « incarner localement la

© M. Ribier /SGDF

rencontre fraternelle » et permet de « vivre des temps de solidarité hors du cadre familial. » ■

Anne-Quitterie Jozeau, journaliste

UNE DÉMARCHE AVANT TOUT SPIRITUELLE

Le message de la lumière de la paix, assez spirituel, porte chaque année sur la paix. Le désir initial est de préparer les esprits et les cœurs à la venue du Prince-de-la-Paix. À chaque passation de la flamme sont lus un extrait de l'Évangile, une prière rédigée par les deux associations et des chants sont entonnés.

LUNDI 18 DÉCEMBRE 2023

3E SEMAINE DE L'AVENT COULEUR LITURGIQUE : VIOLET

Temps de l'Avent, *messe du jour*

Antienne d'ouverture

Il vient, le Christ, notre Roi ;
Jean lui rend témoignage :
« Voici l'Agneau qui devait venir. »

Prière

Nous t'en prions, Dieu tout-puissant : nous ployons sous le joug du péché qui depuis longtemps nous réduit en esclavage, accorde-nous d'être délivrés, nous qui attendons la naissance incomparable de ton Fils unique. Lui qui… ***– Amen.***

Lecture

du livre du prophète Jérémie (23, 5-8)

« Je susciterai pour David un Germe juste »

Voici venir des jours – oracle du Seigneur –, où je susciterai pour David un Germe juste : il régnera en vrai roi, il agira avec intelligence, il exercera dans le pays le droit et la justice. En ces jours-là, Juda sera sauvé, et Israël habitera en sécurité. Voici le nom qu'on lui donnera : « Le-Seigneur-est-notre-justice. » C'est pourquoi, voici venir des jours – oracle du Seigneur – où, pour prêter serment, on ne dira plus : « Par le Seigneur vivant, qui a fait monter du pays d'Égypte les fils d'Israël », mais :

« Par le Seigneur vivant, qui a fait monter du pays du nord les gens de la maison d'Israël, qui les a ramenés de tous les pays où il les avait chassés. » Car ils demeureront sur leur sol. – Parole du Seigneur.

Psaume 71 (72)

℟ ***En ces jours-là fleurira la justice, grande paix jusqu'à la fin des temps.***

Dieu, donne au r**o**i tes pouvoirs,
à ce fils de r**o**i ta justice.
Qu'il gouverne ton pe**u**ple avec justice,
qu'il fasse dr**o**it aux malheureux ! ℟

Il délivrera le pa**u**vre qui appelle
et le malheure**u**x sans recours.
Il aura souci du f**a**ible et du pauvre,
du pauvre dont il sa**u**ve la vie. ℟

Béni soit le Seigneur, le Die**u** d'Israël,
lui seul f**a**it des merveilles !
Béni soit à jamais son n**o**m glorieux,
toute la terre soit remplie de sa gloire !
Am**e**n ! Amen ! ℟

Acclamation de l'Évangile

Alléluia, Alléluia. Viens, Chef de ton peuple Israël ! Toi qui as donné la Loi sur la montagne, délivre-nous par la vigueur de ton bras. ***Alléluia.***

17 - 23

Évangile de Jésus Christ

selon saint Matthieu (1, 18-24)

Jésus, engendré en Marie, épouse de Joseph, fils de David

Voici comment fut engendré Jésus Christ : Marie, sa mère, avait été accordée en mariage à Joseph ; avant qu'ils aient habité ensemble, elle fut enceinte par l'action de l'Esprit Saint. Joseph, son époux, qui était un homme juste, et ne voulait pas la dénoncer publiquement, décida de la renvoyer en secret. Comme il avait formé ce projet, voici que l'ange du Seigneur lui apparut en songe et lui dit : « Joseph, fils de David, ne crains pas de prendre chez toi Marie, ton épouse, puisque l'enfant qui est engendré en elle vient de l'Esprit Saint ; elle enfantera un fils, et tu lui donneras le nom de Jésus (c'est-à-dire : Le-Seigneur-sauve), car c'est lui qui sauvera son peuple de ses péchés. » Tout cela est arrivé pour que soit accomplie la parole du Seigneur prononcée par le prophète : *Voici que la Vierge concevra, et elle enfantera un fils ; on lui donnera le nom d'Emmanuel,* qui se traduit : « Dieu-avec-nous ». Quand Joseph se réveilla, il fit ce que l'ange du Seigneur lui avait prescrit : il prit chez lui son épouse.

Prière sur les offrandes

Que le sacrifice célébré pour toi, Seigneur, nous rende agréables à ton nom ; nous pourrons ainsi partager l'éternité de celui qui nous a guéris de la mort en prenant notre condition mortelle. Lui qui… ***— Amen.***

2e préface de l'Avent, p. 243.

Antienne de la communion

On lui donnera le nom d'Emmanuel, qui se traduit : Dieu-avec-nous.
(Mt 1, 23 ; cf. Is 7, 14)

Prière après la communion

Puissions-nous, Seigneur, accueillir ta miséricorde au milieu de ton temple, et préparer, en t'honorant comme il convient, la fête prochaine de notre rédemption. Par le Christ, notre Seigneur. — ***Amen.***

INVITATION

C'est le début de la troisième semaine de l'Avent. Et si, durant ce temps de montée vers la lumière, j'allais vivre le temps de la réconciliation ?

COMMENTAIRE

Lâcher-prise Matthieu 1, 18-24

Un ange s'adresse à Joseph en songe. De quoi faire rêver ! Homme juste, il est confronté à une situation humainement sans issue. Le charpentier s'abandonne au sommeil, une manière de rendre les armes. N'est-ce pas dans les moments où nous lâchons la maîtrise que nous pouvons être davantage sensibles à l'Esprit ? À chacun de trouver ce qui favorise l'écoute d'un silence traversé par ce souffle venu d'ailleurs, comme un battement d'aile. ■

***Bénédicte de la Croix,** cistercienne*

MARDI 19 DÉCEMBRE 2023

3[E] SEMAINE DE L'AVENT COULEUR LITURGIQUE : VIOLET

Temps de l'Avent, *messe du jour*

Antienne d'ouverture

Celui qui doit venir arrivera, il ne tardera pas ;
alors, plus de crainte sur notre terre, car il est notre Sauveur. (cf. He 10, 37)

Prière

Seigneur Dieu, par la maternité de la Vierge sainte, tu as voulu révéler au monde la splendeur de ta gloire ; nous t'en prions : accorde-nous de vénérer le mystère si grand de l'Incarnation dans la pureté de la foi et de le célébrer toujours dans l'obéissance du cœur. Par Jésus… ***— Amen.***

Lecture

du livre des Juges (13, 2-7.24-25a)

Un ange annonce la naissance de Samson

En ces jours-là, il y avait un homme de Soréa, du clan de Dane, nommé Manoah. Sa femme était stérile et n'avait pas eu d'enfant. L'ange du Seigneur apparut à cette femme et lui dit : « Tu es stérile et tu n'as pas eu d'enfant. Mais tu vas concevoir et enfanter un fils. Désormais, fais bien attention : ne bois ni vin ni boisson forte, et ne mange aucun aliment impur, car tu vas concevoir et enfanter un fils. Le rasoir ne passera pas sur sa tête, car il sera voué à Dieu dès le sein de sa mère. C'est lui qui

entreprendra de sauver Israël de la main des Philistins. »
La femme s'en alla dire à son mari : « Un homme de Dieu est venu me trouver ; il avait l'apparence d'un ange de Dieu tant il était imposant. Je ne lui ai pas demandé d'où il venait, et il ne m'a pas fait connaître son nom. Mais il m'a dit : "Tu vas devenir enceinte et enfanter un fils. Désormais ne bois ni vin ni boisson forte, et ne mange aucun aliment impur, car l'enfant sera voué à Dieu dès le sein de sa mère et jusqu'au jour de sa mort !" »
La femme enfanta un fils, et elle lui donna le nom de Samson. L'enfant grandit, le Seigneur le bénit, et l'Esprit du Seigneur commença à s'emparer de lui. – Parole du Seigneur.

Psaume 70 (71)

℟ ***Je n'ai que ta louange à ma bouche, tout le jour, ta splendeur.***

En toi, Seigneur, j'ai mon refuge :
garde-moi d'être humilié pour toujours.
Dans ta justice, défends-moi,
libère-moi,
tends l'oreille vers moi, et sauve-moi. ℟

Sois le rocher qui m'accueille,
toujours accessible ;
tu as résolu de me sauver :
ma forteresse et mon roc, c'est toi ! ℟

Seigneur mon Dieu, tu es mon espérance,
toi, mon soutien dès avant ma naissance,
tu m'as choisi dès le ventre de ma mère ;
tu seras ma louange toujours ! ℟

Je revivrai les exploits du Seigneur
en rappelant que ta justice est la seule.
Mon Dieu, tu m'as instruit dès ma jeunesse,
jusqu'à présent,
j'ai proclamé tes merveilles. ℟

Acclamation de l'Évangile

Alléluia, Alléluia. Viens, Rameau de Jessé, étendard dressé à la face des nations ! Délivre-nous, ne tarde plus. ***Alléluia.***

Évangile de Jésus Christ

selon saint Luc (1, 5-25)

L'ange Gabriel annonce la naissance de Jean le Baptiste

Il y avait, au temps d'Hérode le Grand, roi de Judée, un prêtre du groupe d'Abia, nommé Zacharie. Sa femme aussi était descendante d'Aaron ; elle s'appelait Élisabeth. Ils étaient l'un et l'autre des justes devant Dieu : ils suivaient tous les commandements et les préceptes du Seigneur de façon irréprochable. Ils n'avaient pas d'enfant, car Élisabeth était stérile et, de plus, ils étaient l'un et l'autre avancés en âge.

Or, tandis que Zacharie, durant la période attribuée aux prêtres de son groupe, assurait le service du culte devant Dieu, il fut désigné par le sort, suivant l'usage des prêtres, pour aller offrir l'encens dans le sanctuaire du Seigneur. Toute la multitude du peuple était en prière au dehors à l'heure de l'offrande de l'encens. L'ange du Seigneur lui apparut, debout à droite de l'autel de l'encens. À sa vue, Zacharie fut bouleversé et la crainte le saisit. L'ange lui dit : « Sois sans crainte, Zacharie, car ta supplication a été exaucée : ta femme Élisabeth mettra au monde pour toi un fils, et tu lui donneras le nom de Jean. Tu seras dans la joie et l'allégresse, et beaucoup se réjouiront de sa naissance, car il sera grand devant le Seigneur. Il ne boira pas de vin ni de boisson forte, et il sera rempli d'Esprit Saint dès le ventre de sa mère ; il fera revenir de nombreux fils d'Israël au Seigneur leur Dieu ; il marchera devant, en présence du Seigneur, avec l'esprit et la puissance du prophète Élie, pour faire revenir le cœur des pères vers leurs enfants, ramener les rebelles à la sagesse des justes, et préparer au Seigneur un peuple bien disposé. » Alors Zacharie dit à l'ange : « Comment vais-je savoir que cela arrivera ? Moi, en effet, je suis un vieillard et ma femme est avancée en âge. » L'ange lui répondit : « Je suis Gabriel et je me tiens en présence de Dieu. J'ai été envoyé pour te parler et pour t'annoncer cette bonne nouvelle. Mais voici que tu seras réduit au silence et, jusqu'au jour où cela se réalisera, tu ne pourras plus parler, parce que tu n'as pas cru à mes paroles ; celles-ci s'accompliront en leur temps. »

Le peuple attendait Zacharie et s'étonnait qu'il s'attarde dans le sanctuaire. Quand il sortit, il ne pouvait pas leur parler, et ils comprirent que, dans le sanctuaire, il avait eu une vision. Il leur faisait des signes et restait muet. Lorsqu'il eut achevé son temps de service liturgique, il repartit chez lui. Quelque temps plus tard, sa femme Élisabeth conçut un enfant. Pendant cinq mois, elle garda le secret. Elle se disait : « Voilà ce que le Seigneur a fait pour moi, en ces jours où il a posé son regard pour effacer ce qui était ma honte devant les hommes. »

Prière sur les offrandes

Regarde avec bonté, nous t'en prions, Seigneur, les offrandes apportées à ton autel : que les dons présentés par nous, dans notre faiblesse, soient consacrés par ta puissance. Par le Christ, notre Seigneur. — ***Amen.***

2e préface de l'Avent, p. 243.

Antienne de la communion

L'Astre d'en haut nous visitera
pour conduire nos pas
au chemin de la paix.
(cf. Lc 1, 78-79)

Prière après la communion

Nous te rendons grâce, Dieu tout-puissant, pour les bienfaits déjà reçus ; dans ta bonté, fais-nous désirer ceux que tu vas nous donner bientôt ; nous accueillerons alors d'un esprit purifié la naissance admirable de notre Sauveur. Lui qui… — ***Amen.***

INVITATION

Au milieu de l'effervescence qui précède Noël, je peux offrir au Seigneur un temps de silence.

COMMENTAIRE

Aimés avant de naître — Juges 13, 2-7.24-25a

Un ange annonce à la femme de Manoah qu'elle va enfanter alors qu'elle est stérile. Cet épisode du livre des Juges est riche d'enseignements. Dieu est le maître de la vie. À lui rien d'impossible. De plus, chaque enfant à naître est connu par son Créateur, aimé par Dieu de toute éternité. « À toi je fus confié dès ma naissance ; dès le ventre de ma mère, tu es mon Dieu » (Ps 21, 11). Voilà ce qui fonde notre dignité et affermit notre confiance. ■

Bénédicte de la Croix, *cistercienne*

MERCREDI 20 DÉCEMBRE 2023

3[E] SEMAINE DE L'AVENT COULEUR LITURGIQUE : VIOLET

Temps de l'Avent, *messe du jour*

17 - 23

Antienne d'ouverture

Un rameau sortira de la souche de Jessé,
la gloire du Seigneur remplira toute la terre,
et tout être de chair verra le salut de Dieu.
(cf. Is 11, 1 ; 40, 5 ; Lc 3, 6)

Prière

Dieu d'éternelle majesté, à l'annonce de l'Ange, la Vierge immaculée accueillit ton Verbe indicible et, devenue la demeure de Dieu, elle fut remplie de la lumière de l'Esprit Saint ; nous te demandons qu'à son exemple nous puissions nous attacher humblement à ta volonté. Par Jésus… ***— Amen.***

Lecture

du livre du prophète Isaïe (7, 10-14)

« Voici que la vierge est enceinte »

En ces jours-là, le Seigneur parla ainsi au roi Acaz : « Demande pour toi un signe de la part du Seigneur ton Dieu, au fond du séjour des morts ou sur les sommets, là-haut. » Acaz répondit : « Non, je n'en demanderai pas, je ne mettrai pas le Seigneur à l'épreuve. »
Isaïe dit alors : « Écoutez, maison de David ! Il ne vous suffit donc pas de

fatiguer les hommes : il faut encore que vous fatiguiez mon Dieu ! C'est pourquoi le Seigneur lui-même vous donnera un signe : Voici que la vierge est enceinte, elle enfantera un fils, qu'elle appellera Emmanuel (c'est-à-dire : Dieu-avec-nous). »
– Parole du Seigneur.

Psaume 23 (24)

℟ ***Qu'il vienne, le Seigneur : c'est lui, le roi de gloire !***

Au Seigneur, le monde et sa richesse,
la terre et tous ses habitants !
C'est lui qui l'a fondée sur les mers
et la garde inébranlable sur les flots. ℟

Qui peut gravir la montagne du Seigneur
et se tenir dans le lieu saint ?
L'homme au cœur pur, aux mains innocentes,
qui ne livre pas son âme aux idoles. ℟

Il obtient, du Seigneur, la bénédiction,
et de Dieu son Sauveur, la justice.
Voici le peuple de ceux qui le cherchent !
Voici Jacob qui recherche ta face ! ℟

Acclamation de l'Évangile

Alléluia, Alléluia. Viens, Clé de David ! Toi qui ouvres les portes du Royaume, arrache à leur prison les captifs des ténèbres. ***Alléluia.***

Évangile de Jésus Christ

selon saint Luc (1, 26-38)

« Voici que tu vas concevoir et enfanter un fils »

Au sixième mois d'Élisabeth, l'ange Gabriel fut envoyé par Dieu dans une ville de Galilée, appelée Nazareth, à une jeune fille vierge, accordée en mariage à un homme de la maison de David, appelé Joseph ; et le nom de la jeune fille était Marie. L'ange entra chez elle et dit : « Je te salue, Comblée-de-grâce, le Seigneur est avec toi. » À cette parole, elle fut toute bouleversée, et elle se demandait ce que pouvait signifier cette salutation. L'ange lui dit alors : « Sois sans crainte, Marie, car tu as trouvé grâce auprès de Dieu. Voici que tu vas concevoir et enfanter un fils ; tu lui donneras le nom de Jésus. Il sera grand, il sera appelé Fils du Très-Haut ; le Seigneur Dieu lui donnera le trône de David son père ; il régnera pour toujours sur la maison de Jacob, et son règne n'aura pas de fin. » Marie dit à l'ange : « Comment cela va-t-il se faire*, puisque je ne connais pas d'homme ? » L'ange lui répondit : « L'Esprit Saint viendra sur toi, et la puissance du Très-Haut te prendra sous son ombre ; c'est pourquoi celui qui va naître sera saint, il sera appelé Fils de Dieu. Or voici que, dans sa vieillesse, Élisabeth, ta parente, a conçu, elle aussi, un fils et en est à son sixième mois, alors qu'on l'appelait la femme stérile. Car rien n'est impossible à Dieu. » Marie dit alors : « Voici la servante du Seigneur ; que tout m'advienne selon ta parole. » Alors l'ange la quitta.

Prière sur les offrandes

Nous t'en prions, Seigneur, regarde ce sacrifice unique, et, par notre communion à ce mystère, accorde-nous de recevoir les biens que nous attendons et que notre foi nous donne d'espérer. Par le Christ, notre Seigneur. ***– Amen.***

2e préface de l'Avent, p. 243.

Antienne de la communion

L'Ange dit à Marie :
« Voici que tu vas concevoir
et enfanter un fils ;
tu lui donneras le nom de Jésus. »
(Lc 1, 31)

Prière après la communion

Ceux que tu renouvelles par le don venu du ciel, garde-les, Seigneur, en ta divine protection : qu'ils trouvent, en communiant à tes mystères, la joie dans la paix véritable. Par le Christ, notre Seigneur. ***– Amen.***

INVITATION

Je peux prier aujourd'hui pour les parents qui attendent un heureux événement et pour ceux qui ne peuvent pas avoir d'enfants.

COMMENTAIRE

Les noms du Sauveur Isaïe 7, 10-14 ; Luc 1, 26-38

L'Annonciation réalise la prophétie d'Isaïe. Le jour est venu où la vierge va mettre au monde un fils, « Emmanuel [...] Dieu-avec-nous ». Lorsque l'ange Gabriel apparaît à Joseph, il lui demande de nommer l'enfant à naître « Jésus (c'est-à-dire : Le-Seigneur-sauve) » (Mt 1, 21). Le salut se réalise à travers l'intimité que le Seigneur désire instaurer avec chacun des siens, en son Fils. Le rapprochement de ces noms divins dévoile le secret de l'Incarnation. ■

Bénédicte de la Croix, cistercienne

✲ CLÉ DE LECTURE

« Comment cela va-t-il se faire ? » Luc 1, 34 *(p. 139)*

Acaz ne veut surtout pas de signe lui rappelant qu'il trahit son Dieu en se soumettant à l'Assyrie, pourtant le plus simple des signes lui sera donné : un enfant, le futur roi, saura revenir vers le Seigneur. Marie, à l'inverse, demande à comprendre le dessein de Dieu sur elle : « Comment ? » Ce n'est pas un manque de foi, au contraire, c'est la conviction que Dieu ne nous plonge pas à dessein dans des voies obscures, inexplicables. Il nous invite à nous interroger, à l'interroger, à lire les signes du temps où transparaissent sa tendresse et son projet d'alliance. L'enfant que porte Marie sera conduit par l'Esprit. Dans le signe le plus humain d'une naissance, le dessein de Dieu se fait chair pour nous. Et Marie le comprend et l'accueille en elle. ■

Roselyne Dupont-Roc, bibliste

JEUDI 21 DÉCEMBRE 2023

3ᴱ SEMAINE DE L'AVENT COULEUR LITURGIQUE : VIOLET

Temps de l'Avent, *messe du jour*

(Saint Pierre Canisius)

Antienne d'ouverture

Voici venir le Seigneur Souverain : il aura pour nom Emmanuel car il sera : Dieu-avec-nous. (cf. Is 7, 14 ; 8, 10)

Prière

Écoute avec bonté, Seigneur, la prière de ton peuple qui se réjouit de la venue de ton Fils unique en notre chair ; puissions-nous, quand il viendra en majesté, obtenir la récompense de la vie éternelle. Par Jésus… ***— Amen.***

Lecture

du Cantique des Cantiques (2, 8-14)

« Voici mon bien-aimé qui vient. Il bondit sur les montagnes »

La voix de mon bien-aimé ! C'est lui, il vient… Il bondit sur les montagnes, il court sur les collines, mon bien-aimé, pareil à la gazelle, au faon de la biche.

Le voici, c'est lui qui se tient derrière notre mur : il regarde aux fenêtres, guette par le treillage. Il parle, mon bien-aimé, il me dit : Lève-toi, mon amie, ma toute belle, et viens…

Vois, l'hiver s'en est allé, les pluies ont cessé, elles se sont enfuies.

Sur la terre apparaissent les fleurs, le temps des chansons est venu et la voix de la tourterelle s'entend sur notre terre.

Le figuier a formé ses premiers fruits, la vigne fleurie exhale sa bonne odeur. Lève-toi, mon amie, ma toute belle, et viens…
Ma colombe, dans les fentes du rocher, dans les retraites escarpées, que je voie ton visage, que j'entende ta voix ! Ta voix est douce et ton visage, charmant.
– Parole du Seigneur.

On peut aussi lire Sophonie 3, 14-18a.

Psaume 32 (33)

℟ ***Criez de joie pour le Seigneur, chantez-lui le cantique nouveau.***

Rendez grâce au Seigneur
sur la cithare,
jouez pour lui sur la harpe à dix cordes.
Chantez-lui le cantique nouveau,
de tout votre art soutenez l'ovation. ℟

Le plan du Seigneur demeure
pour toujours,
les projets de son cœur subsistent
d'âge en âge.

Heureux le peuple dont le Seigneur
est le Dieu,
heureuse la nation qu'il s'est choisie
pour domaine ! ℟

Nous attendons notre vie du Seigneur :
il est pour nous un appui, un bouclier.
La joie de notre cœur vient de lui,
notre confiance est dans son nom
très saint. ℟

Acclamation de l'Évangile

Alléluia. Alléluia. Viens, Emmanuel, notre Législateur et notre Roi ! Sauve-nous, Seigneur notre Dieu. ***Alléluia.***

Évangile de Jésus Christ

selon saint Luc (1, 39-45)

« D'où m'est-il donné que la mère de mon Seigneur vienne jusqu'à moi ? »

En ces jours-là, Marie se mit en route et se rendit avec empressement vers la région montagneuse, dans une ville de Judée. Elle entra dans la maison de Zacharie et salua Élisabeth. Or, quand Élisabeth entendit la salutation de Marie, l'enfant tressaillit en elle. Alors, Élisabeth fut remplie d'Esprit Saint, et s'écria d'une voix forte : « Tu es bénie entre toutes les femmes, et le fruit de tes entrailles est béni. D'où m'est-il donné que la mère de mon Seigneur vienne jusqu'à moi ? Car, lorsque tes paroles de salutation sont parvenues à mes oreilles, l'enfant a tressailli d'allégresse en moi. Heureuse celle qui a cru à l'accomplissement des paroles qui lui furent dites de la part du Seigneur. »

Prière sur les offrandes

Accueille favorablement, Seigneur, ces présents que, dans ta miséricorde, tu as donnés à ton Église pour qu'elle puisse te les offrir ; fais qu'ils deviennent, par ta puissance, le sacrement de notre salut. Par le Christ, notre Seigneur. ***— Amen.***

2e préface de l'Avent, p. 243.

recenser, chacun dans sa ville d'origine. Joseph, lui aussi, monta de Galilée, depuis la ville de Nazareth, vers la Judée, jusqu'à la ville de David appelée Bethléem. Il était en effet de la maison et de la lignée de David. Il venait se faire recenser avec Marie, qui lui avait été accordée en mariage et qui était enceinte.
Or, pendant qu'ils étaient là, le temps où elle devait enfanter fut accompli. Et elle mit au monde son fils premier-né ; elle l'emmaillota et le coucha dans une mangeoire, car il n'y avait pas de place pour eux dans la salle commune. Dans la même région, il y avait des bergers qui vivaient dehors et passaient la nuit dans les champs pour garder leurs troupeaux. L'ange du Seigneur se présenta devant eux, et la gloire du Seigneur les enveloppa de sa lumière. Ils furent saisis d'une grande crainte. Alors l'ange leur dit : « Ne craignez pas, car voici que je vous annonce une bonne nouvelle, qui sera une grande joie pour tout le peuple : Aujourd'hui, dans la ville de David, vous est né un Sauveur qui est le Christ, le Seigneur. Et voici le signe qui vous est donné : vous trouverez un nouveau-né emmailloté et couché dans une mangeoire. » Et soudain, il y eut avec l'ange une troupe céleste innombrable, qui louait Dieu en disant : « Gloire à Dieu au plus haut des cieux, et paix sur la terre aux hommes, qu'Il aime. »

Homélie

Profession de foi *(p. 239)*

Suggestion de prière universelle

Le prêtre :

Frères et sœurs, en cette nuit très sainte, tournons-nous vers le Christ, l'Emmanuel, le Prince-de-la-Paix. Prions-le pour tous les habitants du monde.

℟ ***Fils du Dieu vivant, exauce-nous !***

T. et M. : J. Gelineau ; D. R.

Le diacre ou un lecteur :

Ô Christ, Prince-de-la-Paix, nous te prions pour tous les pays où sévit la guerre, nous te prions pour les peuples opprimés qui ne connaissent pas la liberté. Dieu fait homme, écoute-nous ! ℟

Ô Christ, bonne nouvelle pour les pauvres, nous te prions pour les personnes en situation de handicap, pour celles en situation irrégulière, pour celles à la rue et exclues de la société. Jésus Sauveur, écoute-nous ! ℟

Ô Christ, Conseiller-merveilleux, nous te prions pour les décideurs de la vie politique, économique et écologique de notre pays. Messie de tous les peuples, exauce-nous ! ℟

Offrez *Prions en Église* à un proche...

...et recevez
en cadeau
l'agenda 2024
Prions en Église

Visuels non contractuels

PrionsenÉglise

Chers amis,

Chaque année, nous sommes nombreux à nous poser la question : quoi offrir à Noël ? Nous cherchons à faire plaisir, à consommer de façon respectueuse, à donner du sens à nos cadeaux, à dire à l'autre qu'il compte pour nous…
Et pourquoi pas un abonnement à *Prions en Église* ?

Chaque mois dans la boîte à lettres et chaque jour autour de l'Évangile, *Prions en Église* est un rendez-vous avec le Christ. Existe-t-il un cadeau plus précieux que celui de partager notre foi avec ceux qui nous sont chers ?

Bel Avent et très joyeux Noël à vous et à vos proches,

K Bustica

Karem Bustica
Rédactrice en chef
de *Prions en Église*

« Oui, un enfant nous est né, un fils nous a été donné ! »

Isaïe 9,5

Ô Christ, Dieu-avec-nous, nous te prions pour tous les enfants de notre assemblée réunie, ceux en bonne santé, ceux qui sont malades, ceux dont les familles sont dans la tempête. Toi l'Emmanuel, sois avec nous ! ℟

(Ces intentions seront adaptées ou modifiées selon les circonstances.)

Le prêtre :

Ô Christ, l'Emmanuel, Prince d'amour et de paix, écoute notre prière en cette nuit de Noël, toi qui vis et règnes pour les siècles des siècles.

– Amen.

LITURGIE EUCHARISTIQUE

Prière sur les offrandes

Reçois favorablement, Seigneur, l'offrande présentée en cette nuit de fête, afin que, par ce mystérieux échange, nous soyons configurés à ton Fils en qui notre nature est unie à la tienne. Lui qui…

– Amen.

Prière eucharistique *(Préface de la Nativité)*

Vraiment, il est juste et bon, pour ta gloire et notre salut, de t'offrir notre action de grâce, toujours et en tout lieu, Seigneur, Père très saint, Dieu éternel et tout-puissant. Car la révélation de ta gloire s'est éclairée pour nous d'une lumière nouvelle dans le mystère du Verbe incarné. Maintenant, nous connaissons en lui Dieu qui s'est rendu

visible à nos yeux, et nous sommes entraînés par lui à aimer ce qui demeure invisible. C'est pourquoi, avec les anges et les archanges, avec les puissances d'en haut et tous les esprits bienheureux, nous chantons l'hymne de ta gloire et sans fin nous proclamons :
Saint ! Saint ! Saint...

Chant de communion *(Suggestions p. 264)*

OU

Antienne de la communion

Le Verbe s'est fait chair, et nous avons vu sa gloire.
(Jn 1, 14)

Prière après la communion

Joyeux de célébrer la naissance de notre Rédempteur, nous te prions, Seigneur notre Dieu : donne-nous de parvenir, par notre manière de vivre, à la communion avec lui, qui… ***— Amen.***

RITE DE CONCLUSION

Bénédiction solennelle

Dans son infinie bonté, Dieu a dissipé les ténèbres du monde par l'incarnation de son Fils ; par sa nativité glorieuse, il a fait resplendir cette nuit très sainte : qu'il éloigne de vous les ténèbres des péchés, qu'il éclaire vos cœurs pour que vous pratiquiez le bien. ***— Amen.***

Il a voulu que l'Ange annonce aux bergers une grande joie : la naissance du Sauveur ; qu'il mette en vos cœurs sa propre joie et vous envoie annoncer son Évangile.
— Amen.
Par l'incarnation de son Fils, il a scellé l'Alliance du ciel et de la terre : qu'il vous comble de sa paix et de sa bienveillance, qu'il vous unisse à l'Église du ciel.
— Amen.
Et que la bénédiction de Dieu tout-puissant, le Père, et le Fils, ✠ et le Saint-Esprit, descende sur vous et y demeure toujours.
— Amen.

Envoi

COMMENTAIRE DE LA NUIT DE NOËL

Anne Da, xavière

Cœur de berger

En cette nuit de Noël, la liturgie invite à porter le regard sur les bergers qui veillent sur leurs troupeaux à la lueur des étoiles et à voir la gloire du Seigneur les envelopper de sa lumière. À entendre la bonne nouvelle de la naissance du Sauveur annoncée par le prophète Isaïe au peuple libéré du joug qui pesait sur lui, de la barre qui meurtrissait son épaule, du bâton du tyran. À partager l'expérience des bergers saisis par la joie et l'allégresse qui les font partir en hâte chercher le nouveau-né, le trouver emmailloté et couché dans une mangeoire.
Quel appel surprenant ! Appel à reconnaître le Sauveur, Christ et Seigneur, en ce nouveau-né qui se tient en humble place dans une mangeoire. Appel à découvrir, avec les bergers émerveillés, le Prince-de-la-Paix venu comme un petit pauvre, au cœur des

ténèbres et de la fragilité de notre humanité. Répondons à cet appel en nous disposant à cette rencontre extraordinaire dans l'ordinaire de nos vies, nous faisant petits pauvres, à sa manière à lui. Introduits auprès de Joseph, Marie et l'Enfant, accordons nos cœurs à ceux des bergers, eux qui les premiers ont reçu l'étonnante nouvelle du salut pour la porter au peuple qui marche dans les ténèbres : le signe du pouvoir du Prince-de-la-Paix est un enfant emmailloté et couché dans une mangeoire. Promesse d'un règne de paix, établi sur le droit et la justice maintenant, pour toujours.

Ai-je le désir d'accueillir le Prince-de-la-Paix dans le concret et l'ordinaire de ma vie et de travailler avec lui au royaume de Dieu ?

Comment partager ma foi en l'espérance du salut offert à tous ? ■

LUNDI 25 DÉCEMBRE 2023

NATIVITÉ DU SEIGNEUR – MESSE DU JOUR

ANNÉE B – COULEUR LITURGIQUE : BLANC

« Dieu, personne ne l'a jamais vu ;
le Fils unique, lui qui est Dieu,
lui qui est dans le sein du Père,
c'est lui qui l'a fait connaître. »
Jean 1, 18

Que notre cœur soit dans l'allégresse ! Car un Sauveur nous est né. Dieu fait homme vient visiter notre monde. Il se penche sur l'humanité blessée, inaugure un chemin d'avenir. En nos cœurs, la flamme de son amour allume une lueur, une espérance. La Bonne Nouvelle est à l'œuvre. Aujourd'hui, c'est Noël !

RITES INITIAUX

Chant d'entrée *(Suggestions p. 264)*
OU
Antienne d'ouverture
Un enfant nous est né, un fils nous a été donné !
Sur son épaule est le signe du pouvoir ;
on proclame son nom : Ange du grand conseil.
(cf. Is 9, 5)

Suggestion de préparation pénitentielle *(ou p. 236)*
Frères et sœurs, en ce jour de Noël, le Christ allume en nos cœurs la flamme de sa miséricorde et de sa joie. En confiance, reconnaissons devant Dieu que nous sommes pécheurs.

Prends pitié de nous, Seigneur, Emmanuel, Dieu-avec-nous, Lumière au creux des ténèbres de l'humanité blessée.
— Nous avons péché contre toi.
Montre-nous, ta miséricorde, ô Roi Messie, rayonnement de la gloire de Dieu, expression parfaite de son être.
— Et donne-nous ton salut.

Que Dieu tout-puissant nous fasse miséricorde ; qu'il nous pardonne nos péchés et nous conduise à la vie éternelle. ***— Amen.***

Gloire à Dieu *(p. 238)*

Prière

Seigneur Dieu, tu as merveilleusement créé l'être humain dans sa dignité, et tu l'as rétabli plus merveilleusement encore : accorde-nous d'être unis à la divinité de ton Fils, qui a voulu prendre notre humanité. Lui qui… – ***Amen.***

LITURGIE DE LA PAROLE

Lecture du livre du prophète Isaïe (52, 7-10)

« Tous les lointains de la terre ont vu le salut de notre Dieu »

Comme ils sont beaux sur les montagnes, les pas du messager, celui qui annonce la paix, qui porte la bonne nouvelle, qui annonce le salut, et vient dire à Sion : « Il règne, ton Dieu ! » Écoutez la voix des guetteurs : ils élèvent la voix, tous ensemble ils crient de joie car, de leurs propres yeux, ils voient le Seigneur qui revient à Sion.

Éclatez en cris de joie, vous, ruines de Jérusalem, car le Seigneur console son peuple, il rachète Jérusalem ! Le Seigneur a montré la sainteté de son bras aux yeux de toutes les nations. Tous les lointains de la terre ont vu le salut de notre Dieu.

– Parole du Seigneur.

Psaume 97 (98)

℟ ***La terre tout entière a vu le salut que Dieu nous donne.***

T. : AELF ; M. : M. Wackenheim ; Éd. : ADF.

Chantez au Seigneur un chant nouveau,
car il a fait des merveilles ;
par son bras très saint, par sa main puissante,
il s'est assuré la victoire. ℟

Le Seigneur a fait connaître sa victoire
et révélé sa justice aux nations ;
il s'est rappelé sa fidélité, son amour,
en faveur de la maison d'Israël. ℟

La terre tout entière a vu
la victoire de notre Dieu.
Acclamez le Seigneur, terre entière,
sonnez, chantez, jouez ! ℟

Retrouvez
ce psaume sur le CD
"Les psaumes
de l'année B"

℟ ***La terre tout entière a vu le salut que Dieu nous donne.***

Jouez pour le Seigneur sur la cithare,
sur la cithare et tous les instruments ;
au son de la trompette et du cor,
acclamez votre roi, le Seigneur ! ℟

Lecture de la lettre aux Hébreux (1, 1-6)

« Dieu nous a parlé par son Fils »

À bien des reprises et de bien des manières, Dieu, dans le passé, a parlé à nos pères par les prophètes ; mais à la fin, en ces jours où nous sommes, il nous a parlé par son Fils qu'il a établi héritier de toutes choses et par qui il a créé les mondes. Rayonnement de la gloire de Dieu, expression parfaite de son être, le Fils, qui porte l'univers par sa parole puissante, après avoir accompli la purification des péchés, s'est assis à la droite de la Majesté divine dans les hauteurs des cieux ; et il est devenu bien supérieur aux anges, dans la mesure même où il a reçu en héritage un nom si différent du leur.
En effet, Dieu déclara-t-il jamais à un ange : Tu es mon Fils, moi, aujourd'hui, je t'ai engendré ? Ou bien encore : Moi, je serai pour lui un père, et lui sera pour moi un fils ? À l'inverse, au moment d'introduire le Premier-né dans le monde à venir, il dit : Que se prosternent devant lui tous les anges de Dieu.
– Parole du Seigneur.

Acclamation de l'Évangile

Alléluia. Alléluia. Aujourd'hui la lumière a brillé sur la terre. Peuples de l'univers, entrez dans la clarté de Dieu. Venez tous adorer le Seigneur ! ***Alléluia.***

UL31-13 ; T. : AELF ; M. : P. Robert ; Studio SM.

Évangile de Jésus Christ selon saint Jean (1, 1-18)

(Lecture brève : 1, 1-5. 9-14)

« Le Verbe s'est fait chair, il a habité parmi nous »

Au commencement était le Verbe, et le Verbe était auprès de Dieu, et le Verbe était Dieu. Il était au commencement auprès de Dieu. C'est par lui que tout est venu à l'existence, et rien de ce qui s'est fait ne s'est fait sans lui. En lui était la vie, et

la lumière des hommes ; la lumière brille dans les ténèbres, et les ténèbres ne l'ont pas arrêtée.

Interruption de la lecture brève

Il y eut un homme envoyé par Dieu ; son nom était Jean. Il est venu comme témoin, pour rendre témoignage à la Lumière, afin que tous croient par lui. Cet homme n'était pas la Lumière, mais il était là pour rendre témoignage à la Lumière.

Reprise de la lecture brève

Le Verbe était la vraie Lumière, qui éclaire tout homme en venant dans le monde. Il était dans le monde, et le monde était venu par lui à l'existence, mais le monde ne l'a pas reconnu. Il est venu chez lui, et les siens ne l'ont pas reçu. Mais à tous ceux qui l'ont reçu, il a donné de pouvoir devenir enfants de Dieu, eux qui croient en son nom. Ils ne sont pas nés du sang, ni d'une volonté charnelle, ni d'une volonté d'homme : ils sont nés de Dieu. Et le Verbe s'est fait chair, il a habité parmi nous, et nous avons vu sa gloire, la gloire qu'il tient de son Père comme Fils unique, plein de grâce et de vérité.

Fin de la lecture brève

Jean le Baptiste lui rend témoignage en proclamant : « C'est de lui que j'ai dit : Celui qui vient derrière moi est passé devant moi, car avant moi il était. » Tous, nous avons eu part à sa plénitude, nous avons reçu grâce après grâce ; car la Loi fut donnée par Moïse, la grâce et la vérité sont venues par Jésus Christ.

Dieu, personne ne l'a jamais vu ; le Fils unique, lui qui est Dieu, lui qui est dans le sein du Père, c'est lui qui l'a fait connaître.

Homélie

Profession de foi *(p. 239)*

Suggestion de prière universelle

Le prêtre :

Noël ! Dieu s'est fait petit enfant. Dieu se penche sur l'humanité blessée. Avec confiance, tournons-nous vers Dieu notre Père et reconnaissons que nous sommes pécheurs.

℟ ***En ta bonté, Seigneur, écoute notre appel.***

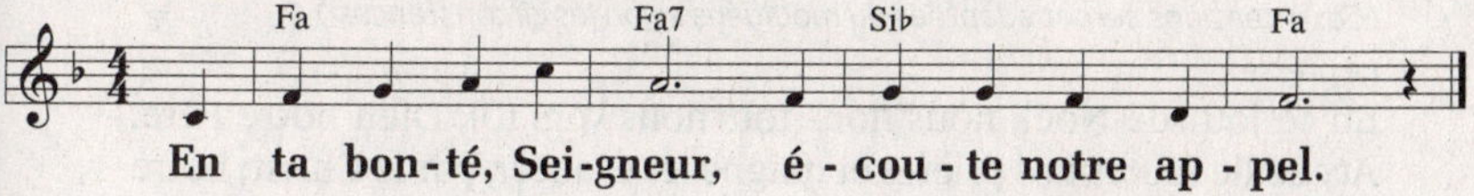

Y 33-3 SM ; T. et M. : M. Debaisieux.

Le diacre ou un lecteur :

Pour certains, Noël ravive des discordes, des séparations, des blessures, de la solitude. Pour les personnes blessées dans leur chair et dans leur cœur, pour celles qui cherchent une espérance en leur vie, prions le Seigneur. ℟

Noël est la fête de la paix, paix dans les cœurs, paix entre les peuples. Pour nos dirigeants, nos responsables politiques, nos maires et nos élus, appelés à insuffler cette paix dans leurs pays, villes ou villages, prions le Seigneur. ℟

À Noël, les anges se sont d'abord tournés vers les bergers, ces délaissés de leur époque. Pour les personnes en situation de handicap, appelées à bénéficier de programmes d'inclusion pour leur participation active à la vie de la société, avec le pape François, prions le Seigneur. ℟

Noël est la fête familiale par excellence, où les générations se retrouvent pour fêter ensemble la venue du Messie. Pour ceux qui, parmi nous, vivent ces joyeuses retrouvailles, pour ceux qui souffrent de l'éloignement géographique de leurs proches, prions le Seigneur. ℟

(Ces intentions seront adaptées ou modifiées selon les circonstances.)

Le prêtre :

En ce jour de Noël, nous nous tournons vers toi, Dieu notre Père. Accueille toutes nos prières et daigne les exaucer, par le Christ, notre Seigneur.

– Amen.

LITURGIE EUCHARISTIQUE

Prière sur les offrandes

Que l'offrande présentée en ce jour de solennité te soit agréable, Seigneur, car elle nous a réconciliés avec toi, parfaitement rétablis dans ta paix, et introduits dans la plénitude de l'adoration véritable. Par le Christ, notre Seigneur. *— Amen.*

Prière eucharistique *(Préface de la Nativité, p. 243)*

Chant de communion *(Suggestions p. 264)*
OU
Antienne de la communion
Tous les lointains de la terre
ont vu le salut de notre Dieu.
(cf. Ps 97, 3)

Prière après la communion
Dieu de miséricorde, nous t'en prions : puisque le Sauveur du monde, en naissant aujourd'hui, nous fait naître à la vie divine, que sa générosité nous accorde aussi l'immortalité. Lui qui… *— Amen.*

RITE DE CONCLUSION

Bénédiction solennelle *(p. 180)*

Envoi

COMMENTAIRE DU JOUR DE NOËL

Luc Forestier, prêtre de l'Oratoire

La Parole et le camping

En neuf petits mots grecs, saint Jean décrit une transgression majeure de l'ordre des choses. « Et le Verbe s'est fait chair, et il a planté sa tente parmi nous », selon une traduction possible. Deux éléments au moins viennent heurter nos représentations immédiates et mobilisent malgré tout notre expérience.

En effet, ciel et terre s'unissent aujourd'hui en Jésus puisque la Parole, immatérielle, légère, spirituelle pour tout dire, habite et renouvelle pleinement la chair, pesante, faible et destinée à la mort. Jusqu'alors, une voix criait, seule, dans le désert. Malgré leur succès limité, ces prophètes d'hier et d'aujourd'hui ont pourtant préparé l'entrée de la Parole au cœur d'une humanité rétive à recevoir l'Alliance nouvelle que Dieu propose à son peuple. En

communiant à la Parole faite chair, les prophètes sont alors ces hommes et ces femmes capables d'esquisser un geste de liberté au creux de l'histoire. À notre tour de signifier, par notre vie, la nouveauté de la Parole.
De plus, l'habitation de l'histoire humaine par la Parole divine est comprise comme l'installation d'une tente. Or, le camping combine la mobilité permanente et l'investissement d'un terrain concret en plantant des piquets. La parole de Dieu devient chair humaine dans un mouvement perpétuel, afin de rejoindre ces territoires sans cesse renouvelés de nos existences. Habités au cœur de notre vie par la Parole faite chair, nous voilà poussés à nous déplacer pour transmettre la joie de Noël.

Quelle parole de vie vais-je offrir aujourd'hui ?

Où puis-je partir pour transmettre la joie de Noël ? ■

MARDI 26 DÉCEMBRE 2023

TEMPS DE NOËL COULEUR LITURGIQUE : ROUGE

Saint Étienne

Ier siècle. Diacre, mort lapidé peu après la résurrection du Christ. Vénéré comme le premier martyr de l'Église.

Antienne d'ouverture

Pour lui, les portes du ciel se sont ouvertes :
premier de tous les martyrs, il reçoit
dans les cieux la couronne du vainqueur.

Gloire à Dieu *(p. 238)*

Prière

Puisque nous célébrons la naissance au ciel du bienheureux Étienne qui a su prier pour ses persécuteurs, donne-nous, Seigneur, d'imiter ce que nous célébrons pour apprendre à aimer jusqu'à nos ennemis. Par Jésus… ***— Amen.***

Lectures propres à la fête de saint Étienne.

Lecture

du livre des Actes des Apôtres (6, 8-10 ; 7, 54-60)

« Voici que je contemple les cieux ouverts »

En ces jours-là, Étienne, rempli de la grâce et de la puissance de Dieu, accomplissait parmi le peuple des prodiges et des signes éclatants. Intervinrent alors certaines gens de la synagogue dite des Affranchis, ainsi que des Cyrénéens et des Alexandrins, et aussi des gens originaires de Cilicie

et de la province d'Asie. Ils se mirent à discuter avec Étienne, mais sans pouvoir résister à la sagesse et à l'Esprit qui le faisaient parler. Ceux qui écoutaient ce discours avaient le cœur exaspéré et grinçaient des dents contre Étienne. Mais lui, rempli de l'Esprit Saint, fixait le ciel du regard : il vit la gloire de Dieu, et Jésus debout à la droite de Dieu. Il déclara : « Voici que je contemple les cieux ouverts et le Fils de l'homme debout à la droite de Dieu. » Alors ils poussèrent de grands cris et se bouchèrent les oreilles. Tous ensemble, ils se précipitèrent sur lui, l'entraînèrent hors de la ville et se mirent à le lapider. Les témoins avaient déposé leurs vêtements aux pieds d'un jeune homme appelé Saul. Étienne, pendant qu'on le lapidait, priait ainsi : « Seigneur Jésus, reçois mon esprit. » Puis, se mettant à genoux, il s'écria d'une voix forte : « Seigneur, ne leur compte pas ce péché. » Et, après cette parole, il s'endormit dans la mort.
– Parole du Seigneur.

Psaume 30 (31)

℟ ***En tes mains, Seigneur, je remets mon esprit.***

Sois le roch<u>e</u>r qui m'abrite,
la maison fortifi<u>é</u>e qui me sauve.
Pour l'honne<u>u</u>r de ton nom,
tu me gu<u>i</u>des et me conduis. ℟

En tes mains je rem<u>e</u>ts mon esprit ;
tu me rachètes, Seigneur, Die<u>u</u> de vérité.

Ton amour me fait dans<u>e</u>r de joie :
devant moi, tu as ouv<u>e</u>rt un passage. ℟

Sur ton serviteur, que s'illum<u>i</u>ne ta face ;
sauve-m<u>o</u>i par ton amour.
Tu combles, à la f<u>a</u>ce du monde,
ceux qui ont en t<u>o</u>i leur refuge. ℟

Acclamation de l'Évangile

Alléluia. Alléluia. Béni soit au nom du Seigneur, celui qui vient ; Dieu, le Seigneur, nous illumine. ***Alléluia.***

Évangile de Jésus Christ

selon saint Matthieu (10, 17-22)

« Ce n'est pas vous qui parlerez, c'est l'Esprit de votre Père »

En ce temps-là, Jésus disait à ses Apôtres : « Méfiez-vous des hommes : ils vous livreront aux tribunaux et vous flagelleront dans leurs synagogues. Vous serez conduits devant des gouverneurs et des rois à cause de moi : il y aura là un témoignage pour eux et pour les païens. Quand on vous livrera, ne vous inquiétez pas de savoir ce que vous direz ni comment vous le direz : ce que vous aurez à dire vous sera donné à cette heure-là. Car ce n'est pas vous qui parlerez, c'est l'Esprit de votre Père qui parlera en vous. Le frère livrera son frère à la mort, et le père, son enfant ; les enfants se dresseront contre leurs parents et les feront mettre à mort. Vous serez détestés de tous à cause de mon nom ; mais celui qui aura persévéré jusqu'à la fin, celui-là sera sauvé. »

Prière sur les offrandes

Nous t'en prions, Seigneur, accepte les offrandes que nous te présentons de grand cœur en ce jour où nous y invite la glorieuse mémoire du bienheureux Étienne, ton martyr. Par le Christ, notre Seigneur. **—*Amen.***

Préface de la Nativité, p. 243.

Antienne de la communion

Étienne, pendant qu'on le lapidait, priait ainsi : « Seigneur Jésus, reçois mon esprit. »
(Ac 7, 59)

Prière après la communion

Seigneur, nous te rendons grâce pour les multiples gestes de ta miséricorde envers nous, toi qui nous sauves par la nativité de ton Fils et nous réjouis par la célébration du bienheureux Étienne, ton martyr. Par le Christ, notre Seigneur. — ***Amen.***

INVITATION

Je pense aujourd'hui aux personnes qui ont vécu Noël privées de relations familiales : à l'hôpital, en prison… Que ta lumière éclaire leur route !

COMMENTAIRE

À cause de son nom Matthieu 10, 17-22

Le martyr (le témoin) est celui qui ose faire mémoire de ce qu'il a vu et entendu, et rien ni personne ne peut le faire taire. Si Jésus invite à se méfier des hommes, il encourage le témoin à faire confiance à l'Esprit qui témoigne de la vérité, au risque d'être rejeté, martyrisé. Enfin, une dernière invitation de Jésus : persévérer et le salut est assuré. Esprit Saint, fais en sorte que je te laisse parler, alors je serai un vrai témoin comme Étienne. ■

Gérard Naslin, prêtre du diocèse de Nantes

MERCREDI 27 DÉCEMBRE 2023

TEMPS DE NOËL COULEUR LITURGIQUE : BLANC

Saint Jean

Ier siècle. Frère de saint Jacques le Majeur. Lors de la crucifixion, Jésus lui confia Marie. Le quatrième évangile et le livre de l'Apocalypse lui sont attribués.

Antienne d'ouverture

Célébrons Jean : au cours de la dernière Cène,
il reposa sur la poitrine du Seigneur ;
heureux l'Apôtre à qui furent révélés les secrets du ciel :
par lui se répandit sur toute la terre la parole de vie.

OU

Dans son Église, le Seigneur lui a donné la parole ;
il l'a rempli de l'esprit de sagesse et d'intelligence,
et l'a revêtu de gloire.

(cf. Si 15, 5)

Gloire à Dieu *(p. 238)*

Prière

Seigneur Dieu, tu nous as ouvert les profondeurs ineffables de ton Verbe grâce au bienheureux apôtre Jean ; nous t'en prions, accorde-nous de saisir avec une intelligence éclairée la parole qu'il a si bien fait retentir à nos oreilles. Par Jésus…

— Amen.

Lectures propres à la fête de saint Jean.

Lecture

de la première lettre de saint Jean (1, 1-4)

« Ce que nous avons vu et entendu, nous vous l'annonçons »

Bien-aimés, ce qui était depuis le commencement, ce que nous avons entendu, ce que nous avons vu de nos yeux, ce que nous avons contemplé et que nos mains ont touché du Verbe de vie, nous vous l'annonçons. Oui, la vie s'est manifestée, nous l'avons vue, et nous rendons témoignage : nous vous annonçons la vie éternelle qui était auprès du Père et qui s'est manifestée à nous. Ce que nous avons vu et entendu, nous vous l'annonçons à vous aussi, pour que, vous aussi, vous soyez en communion avec nous.

Or nous sommes, nous aussi, en communion avec le Père et avec son Fils, Jésus Christ. Et nous écrivons cela, afin que notre joie soit parfaite.

– Parole du Seigneur.

Psaume 96 (97)

℟ ***Que le Seigneur soit votre joie, hommes justes !***

Le Seigneur est roi ! Exulte la terre !
Joie pour les îles sans nombre !
Ténèbre et nuée l'entourent,
justice et droit sont l'appui
de son trône. ℟

Les montagnes fondaient comme
cire devant le Seigneur,
devant le Maître de toute la terre.
Les cieux ont proclamé sa justice,
et tous les peuples ont vu sa gloire. ℟

Une lumière est semée pour le juste,
et pour le cœur simple, une joie.
Que le Seigneur soit votre joie, hommes justes ;
rendez grâce en rappelant son nom très saint. ℟

Acclamation de l'Évangile

Alléluia. Alléluia. À toi, Dieu, notre louange ! Toi que les Apôtres glorifient, nous t'acclamons : tu es Seigneur ! ***Alléluia.***

Évangile de Jésus Christ

selon saint Jean (20, 2-8)

« L'autre disciple courut plus vite que Pierre et arriva le premier au tombeau »

Le premier jour de la semaine, Marie Madeleine courut trouver Simon-Pierre et l'autre disciple, celui que Jésus aimait, et elle leur dit : « On a enlevé le Seigneur de son tombeau, et nous ne savons pas où on l'a déposé. »
Pierre partit donc avec l'autre disciple pour se rendre au tombeau. Ils couraient tous les deux ensemble, mais l'autre disciple courut plus vite que Pierre et arriva le premier au tombeau. En se penchant, il s'aperçoit que les linges sont posés à plat ; cependant il n'entre pas. Simon-Pierre, qui le suivait, arrive à son tour. Il entre dans le tombeau ; il aperçoit les linges, posés à plat, ainsi que le suaire qui avait entouré la tête de Jésus, non pas posé avec les linges, mais roulé à part à sa place. C'est alors qu'entra l'autre disciple, lui qui était arrivé le premier au tombeau. Il vit, et il crut*.

Prière sur les offrandes

Sanctifie, Seigneur, les offrandes que nous te présentons ; tandis que nous participons à ce repas eucharistique, accorde-nous de puiser à la même source les secrets du Verbe éternel que tu révélas à ton apôtre Jean. Par le Christ, notre Seigneur. — ***Amen.***

Préface de la Nativité, p. 243.

Antienne de la communion

Le Verbe s'est fait chair,
il a habité parmi nous.
Tous, nous avons eu part
à sa plénitude.
(Jn 1, 14.16)

Prière après la communion

Nous t'en prions, Dieu tout-puissant : que le Verbe fait chair, proclamé par le bienheureux apôtre Jean, demeure toujours en nous grâce au sacrement que nous venons de célébrer. Par le Christ, notre Seigneur. — ***Amen.***

INVITATION

« Ce que nous avons vu et entendu, nous vous l'annonçons. »
Comme Jean, suis-je témoin de ma foi pour ceux qui m'entourent ?

MERCREDI 27 DÉCEMBRE 2023

COMMENTAIRE

Voir et croire Jean 20, 2-8

L'acte de foi est une réponse à une invitation. Le disciple Jean, « celui que Jésus aimait », voit le tombeau vide et cela lui suffit pour qu'il passe de la vision à la foi. Sans doute se souvient-il des confidences que le Maître a faites à ses disciples. Il n'est pas le premier à entrer au tombeau, mais il est le premier à croire que Christ est ressuscité. Seigneur, ne permets pas que je me contente de voir, augmente en moi la foi. ■

***Gérard Naslin**, prêtre du diocèse de Nantes*

❊ CLÉ DE LECTURE

« Il vit, et il crut » Jean 20, 8 *(p. 202)*

L'ensemble de ce chapitre pose la question : faut-il voir le Ressuscité pour croire en lui ? Mais qu'est-ce que l'autre disciple a vu ? Comme Pierre, des linges pliés et le voile qui entourait la tête du Crucifié. Comme lui, il a vu l'absence. Il faut alors lire la suite : « Ils n'avaient pas encore compris l'Écriture disant qu'il devait ressusciter des morts » (cf. Jn 20, 9). Croire, c'est d'abord accepter l'absence, accepter qu'il n'y ait rien à voir. Et faire mémoire de la promesse de Dieu, portée jusqu'à nous par l'Écriture et la tradition juive, puis chrétienne. Le disciple peut alors reconnaître que la promesse s'accomplit justement dans l'absence : au-delà du visible, la vie reste plus forte que la mort. Il faut croire pour contempler l'invisible. ■

***Roselyne Dupont-Roc**, bibliste*

JEUDI 28 DÉCEMBRE 2023

TEMPS DE NOËL COULEUR LITURGIQUE : ROUGE

Les saints Innocents

Ier siècle. Sont honorés aujourd'hui « tous les enfants de Bethléem et des environs, âgés de moins de deux ans » qui furent tués, sur ordre du roi Hérode, après la naissance de Jésus.

Antienne d'ouverture

Pour le Christ, des enfants innocents furent mis à mort ;
ils suivent l'Agneau sans tache, et ne cessent de chanter :
« Gloire à toi, Seigneur ! »

Gloire à Dieu *(p. 238)*

Prière

Seigneur Dieu, aujourd'hui, sans parler mais en mourant, les martyrs innocents ont proclamé ta louange ; fais que notre vie tout entière témoigne de la foi que notre bouche proclame. Par Jésus… ***— Amen.***

Lectures propres à la fête des saints Innocents.

Lecture

de la première lettre de saint Jean (1, 5 – 2, 2)

« Le sang de Jésus nous purifie de tout péché »

Bien-aimés, tel est le message que nous avons entendu de Jésus Christ et que nous vous annonçons : Dieu est lumière ; en lui, il n'y a pas de ténèbres. Si nous disons que nous sommes en communion avec lui, alors que nous marchons dans les ténèbres, nous sommes des

24 - 30

menteurs, nous ne faisons pas la vérité. Mais si nous marchons dans la lumière, comme il est lui-même dans la lumière, nous sommes en communion les uns avec les autres, et le sang de Jésus, son Fils, nous purifie de tout péché. Si nous disons que nous n'avons pas de péché, nous nous égarons nous-mêmes, et la vérité n'est pas en nous. Si nous reconnaissons nos péchés, lui qui est fidèle et juste va jusqu'à pardonner nos péchés et nous purifier de toute injustice. Si nous disons que nous sommes sans péché, nous faisons de lui un menteur, et sa parole n'est pas en nous.

Mes petits enfants, je vous écris cela pour que vous évitiez le péché. Mais si l'un de nous vient à pécher, nous avons un défenseur devant le Père : Jésus Christ, le Juste. C'est lui qui, par son sacrifice, obtient le pardon de nos péchés, non seulement les nôtres, mais encore ceux du monde entier. – Parole du Seigneur.

Psaume 123 (124)

℟ ***Comme un oiseau, nous avons échappé au filet du chasseur.***

Sans le Seigneur qui était pour nous
quand des hommes nous assaillirent,
alors ils nous avalaient tout vivants,
dans le feu de leur colère. ℟

Alors le flot passait sur nous,
le torrent nous submergeait ;
alors nous étions submergés
par les flots en furie. ℟

Béni soit le Seigneur !
Le filet s'est rompu : nous avons échappé.
Notre secours est le nom du Seigneur
qui a fait le ciel et la terre. ℟

Acclamation de l'Évangile

Alléluia. Alléluia. À toi, Dieu, notre louange ! Toi, dont témoignent les martyrs, nous t'acclamons : tu es Seigneur ! ***Alléluia.***

Évangile de Jésus Christ

selon saint Matthieu (2, 13-18)

« Hérode envoya tuer tous les enfants à Bethléem »

Après le départ des mages, voici que l'ange du Seigneur apparaît en songe à Joseph et lui dit : « Lève-toi ; prends l'enfant et sa mère, et fuis en Égypte. Reste là-bas jusqu'à ce que je t'avertisse, car Hérode va rechercher l'enfant pour le faire périr. » Joseph se leva ; dans la nuit, il prit l'enfant et sa mère, et se retira en Égypte, où il resta jusqu'à la mort d'Hérode, pour que soit accomplie la parole du Seigneur prononcée par le prophète : *D'Égypte, j'ai appelé mon fils.* Alors Hérode, voyant que les mages s'étaient moqués de lui, entra dans une violente fureur. Il envoya tuer tous les enfants jusqu'à l'âge de deux ans à Bethléem et dans toute la région, d'après la date qu'il s'était fait préciser par les mages. Alors fut accomplie la parole prononcée par le prophète Jérémie : *Un cri s'élève dans Rama, pleurs et longue plainte : c'est Rachel qui pleure ses enfants et ne veut pas être consolée, car ils ne sont plus.*

24 - 30

Prière sur les offrandes

Reçois, Seigneur, nous t'en prions, les offrandes de tes fidèles serviteurs ; purifie-les quand ils célèbrent avec amour tes mystères, par lesquels tu rends justes même ceux qui ne te connaissent pas. Par le Christ, notre Seigneur. — ***Amen.***

JEUDI 28 DÉCEMBRE 2023

Préface de la Nativité, p. 243.

Antienne de la communion

Les enfants de Bethléem ont été rachetés d'entre les hommes comme prémices pour Dieu et pour l'Agneau. Ils suivent l'Agneau partout où il va. (cf. Ap 14, 4)

Prière après la communion

Seigneur, accorde les richesses du salut aux fidèles qui ont reçu ta nourriture sainte, en ce jour où nous fêtons des enfants incapables encore de prononcer le nom de ton Fils et pourtant couronnés par une grâce céleste venue de sa naissance. Lui qui… ***— Amen.***

INVITATION

Je peux prier en ce jour pour tous les enfants en situation de vulnérabilité.

COMMENTAIRE

Joseph, le fidèle serviteur

Matthieu 2, 13-18

Décidément, c'est dans son sommeil que Joseph perçoit la volonté de Dieu : de même qu'il était invité à prendre Marie chez lui, il est invité à se lever, à prendre l'enfant et sa mère pour fuir le projet odieux d'Hérode. De même encore, il se lèvera pour revenir dans la région de la Galilée. Il fait confiance à Dieu qui lui confie son Fils pour qu'il échappe au massacre décrété par le roi Hérode. Invite-moi, Seigneur, à me lever et donne-moi la force de te faire confiance pour répondre à tes appels. ■

Gérard Naslin*, prêtre du diocèse de Nantes*

VENDREDI 29 DÉCEMBRE 2023

TEMPS DE NOËL COULEUR LITURGIQUE : BLANC

5e jour dans l'octave de la Nativité

(Saint Thomas Becket)

Antienne d'ouverture

Dieu a tellement aimé le monde qu'il a donné son Fils unique,
afin que quiconque croit en lui ne se perde pas,
mais obtienne la vie éternelle. (Jn 3, 16)

Gloire à Dieu (p. 238)

Prière

Dieu tout-puissant, que nul ne peut voir, tu as dissipé les ténèbres du monde par la venue de ta lumière ; nous t'en prions, tourne vers nous ton visage de paix, pour que nos louanges proclament l'œuvre merveilleuse que tu as accomplie dans la naissance de ton Fils unique. Lui qui… – ***Amen.***

24 - 30

Lecture

de la première lettre de saint Jean (2, 3-11)

« Celui qui aime son frère demeure dans la lumière »

Bien-aimés, voici comment nous savons que nous connaissons Jésus Christ : si nous gardons ses commandements. Celui qui dit : « Je le connais », et qui ne garde pas ses commandements, est un menteur : la vérité n'est pas en lui. Mais en celui qui garde sa parole, l'amour de

Dieu atteint vraiment la perfection : voilà comment nous savons que nous sommes en lui. Celui qui déclare demeurer en lui doit, lui aussi, marcher comme Jésus lui-même a marché. Bien-aimés, ce n'est pas un commandement nouveau que je vous écris, mais un commandement ancien que vous aviez depuis le commencement. La parole que vous avez entendue, c'est le commandement ancien*. Et pourtant, c'est un commandement nouveau que je vous écris; ce qui est vrai en cette parole l'est aussi en vous; en effet, les ténèbres passent et déjà brille la vraie lumière. Celui qui déclare être dans la lumière et qui a de la haine contre son frère est dans les ténèbres jusqu'à maintenant. Celui qui aime son frère demeure dans la lumière, et il n'y a en lui aucune occasion de chute. Mais celui qui a de la haine contre son frère est dans les ténèbres : il marche dans les ténèbres sans savoir où il va, parce que les ténèbres ont aveuglé ses yeux.
– Parole du Seigneur.

Psaume 95 (96)

℟ ***Joie au ciel ! Exulte la terre !***

Chantez au Seigneur un chant nouveau,
chantez au Seigneur, terre entière,
chantez au Seigneur et bénissez son nom ! ℟

De jour en jour, proclamez son salut,
racontez à tous les peuples sa gloire,
à toutes les nations ses merveilles ! ℟

Lui, le Seigneur, a fait les cieux :
devant lui, splendeur et majesté,
dans son sanctuaire,
puissance et beauté. ℟

Acclamation de l'Évangile

Alléluia, Alléluia. Lumière qui se révèle aux nations et donne gloire à ton peuple Israël. ***Alléluia.***

Évangile de Jésus Christ

selon saint Luc (2, 22-35)

« Lumière qui se révèle aux nations »

Quand fut accompli le temps prescrit par la loi de Moïse pour la purification, les parents de Jésus l'amenèrent à Jérusalem pour le présenter au Seigneur, selon ce qui est écrit dans la Loi : *Tout premier-né de sexe masculin sera consacré au Seigneur.* Ils venaient aussi offrir le sacrifice prescrit par la loi du Seigneur : *un couple de tourterelles ou deux petites colombes.*

Or, il y avait à Jérusalem un homme appelé Syméon. C'était un homme juste et religieux, qui attendait la Consolation d'Israël, et l'Esprit Saint était sur lui. Il avait reçu de l'Esprit Saint l'annonce qu'il ne verrait pas la mort avant d'avoir vu le Christ, le Messie du Seigneur. Sous l'action de l'Esprit, Syméon vint au Temple. Au moment où les parents présentaient l'enfant Jésus pour se conformer au rite de la Loi qui le concernait, Syméon reçut l'enfant dans ses bras, et il bénit Dieu en disant : « Maintenant, ô Maître souverain, tu peux laisser ton serviteur s'en aller en paix, selon ta parole. Car mes yeux ont vu le salut que tu préparais à la face des peuples : lumière qui se révèle aux nations et donne gloire à ton peuple Israël. »

Le père et la mère de l'enfant s'étonnaient de ce qui était dit de lui.

Syméon les bénit, puis il dit à Marie sa mère : « Voici que cet enfant provoquera la chute et le relèvement de beaucoup en Israël. Il sera un signe de contradiction – et toi, ton âme sera traversée d'un glaive – : ainsi seront dévoilées les pensées qui viennent du cœur d'un grand nombre. »

Prière sur les offrandes

Accueille, Seigneur, ce que nous présentons pour cette eucharistie où s'accomplit un admirable échange : en offrant ce que tu nous as donné, puissions-nous te recevoir toi-même. Par le Christ, notre Seigneur. **— *Amen.***

Préface de la Nativité, p. 243.

Antienne de la communion

Grâce à la miséricordieuse tendresse de notre Dieu, l'Astre d'en haut est venu nous visiter.

(cf. Lc 1, 78)

Prière après la communion

Dieu tout-puissant, nous t'en prions : fais que la force de tes saints mystères soutienne constamment notre vie. Par le Christ, notre Seigneur. **— *Amen.***

INVITATION

Avec saint Thomas Becket, fêté aujourd'hui, je m'unis à tous les martyrs.

COMMENTAIRE

Sous l'action de l'Esprit Saint

Luc 2, 22-35

Par son incarnation, Jésus a pris la condition humaine et s'est fait obéissant durant tout son passage sur terre. Enfant, il est, selon ce qui est écrit dans la Loi, consacré au Seigneur. Il reviendra douze ans plus tard au Temple pour manifester qu'il se doit aux affaires de son Père. Le vieillard Syméon, animé par l'Esprit Saint, reconnaît le Christ, le Messie du Seigneur. Puis il s'adresse à Marie, lui annonçant qu'en faisant la volonté de Dieu comme elle l'a déclaré le jour de l'Annonciation, elle connaîtra l'épreuve de la foi. ■

***Gérard Naslin**, prêtre du diocèse de Nantes*

✲ CLÉ DE LECTURE

« Le commandement ancien »

1 Jean 2, 7 *(p. 210)*

Commandement ancien ? commandement nouveau ? La communauté johannique, traversée par de puissants courants séparatistes et contrainte d'exclure certains de ses membres, se resserre autour du groupe des frères. Le commandement ancien de l'amour du prochain comme soi-même (cf. Lv 19, 18) est réactualisé à la lumière du Christ. La lettre nous donne ainsi un signal fort : le commandement ancien de l'amour doit toujours être repris et repensé, car nous risquons toujours de nous refermer sur le groupe trop familier des « frères ». L'évangile de Luc nous aide à aller plus loin. Le Christ est la lumière de toutes les nations jusqu'aux extrémités de la terre, et c'est la lumière de cette fraternité universelle qui rejaillira en gloire sur son peuple Israël. ■

***Roselyne Dupont-Roc**, bibliste*

SAMEDI 30 DÉCEMBRE 2023

TEMPS DE NOËL COULEUR LITURGIQUE : BLANC

6e jour dans l'octave de la Nativité

Antienne d'ouverture

Un silence paisible enveloppait toute chose,
et la nuit en était au milieu de son cours ;
alors, ta Parole toute-puissante, Seigneur,
vint du ciel, de ton trône royal. (cf. Sg 18, 14-15)

Gloire à Dieu *(p. 238)*

Prière

Nous t'en prions, Dieu tout-puissant : nous ployons sous le joug du péché qui depuis longtemps nous tient en esclavage : donne-nous la délivrance par l'incomparable naissance en notre chair de ton Fils unique, Jésus Christ. Lui qui…

— Amen.

Lecture

de la première lettre de saint Jean (2, 12-17)

« Celui qui fait la volonté de Dieu demeure pour toujours »

Je vous l'écris, petits enfants : Vos péchés vous sont remis à cause du nom de Jésus. Je vous l'écris, parents : Vous connaissez celui qui existe depuis le commencement. Je vous l'écris, jeunes gens : Vous

avez vaincu le Mauvais. Je vous l'ai écrit, enfants : Vous connaissez le Père. Je vous l'ai écrit, parents : Vous connaissez celui qui existe depuis le commencement. Je vous l'ai écrit, jeunes gens : Vous êtes forts, la parole de Dieu demeure en vous, vous avez vaincu le Mauvais.
N'aimez pas le monde, ni ce qui est dans le monde. Si quelqu'un aime le monde, l'amour du Père n'est pas en lui. Tout ce qu'il y a dans le monde – la convoitise de la chair, la convoitise des yeux, l'arrogance de la richesse –, tout cela ne vient pas du Père, mais du monde. Or, le monde passe, et sa convoitise avec lui. Mais celui qui fait la volonté de Dieu demeure pour toujours.
– Parole du Seigneur.

Psaume 95 (96)

℟ ***Joie au ciel ! Exulte la terre !***

Rendez au Seigneur, familles des peuples,
rendez au Seigneur la gloire et la puissance,
rendez au Seigneur la gloire de son nom. ℟

Apportez votre offrande,
entrez dans ses parvis,
adorez le Seigneur, éblouissant de sainteté :
tremblez devant lui, terre entière. ℟

Allez dire aux nations :
« Le Seigneur est roi ! »
Le monde, inébranlable, tient bon.
Il gouverne les peuples avec droiture. ℟

Acclamation de l'Évangile

Alléluia. Alléluia. Aujourd'hui la lumière a brillé sur la terre. Peuples de l'univers, entrez dans la clarté de Dieu. Venez tous adorer le Seigneur ! ***Alléluia.***

Évangile de Jésus Christ

selon saint Luc (2, 36-40)

« Elle parlait de l'enfant à tous ceux qui attendaient la délivrance de Jérusalem »

En ce temps-là, quand les parents de Jésus vinrent le présenter au Temple, il y avait aussi une femme prophète, Anne, fille de Phanuel, de la tribu d'Aser. Elle était très avancée en âge ; après sept ans de mariage, demeurée veuve, elle était arrivée à l'âge de 84 ans. Elle ne s'éloignait pas du Temple, servant Dieu jour et nuit dans le jeûne et la prière. Survenant à cette heure même, elle proclamait les louanges de Dieu et parlait de l'enfant à tous ceux qui attendaient la délivrance de Jérusalem. Lorsqu'ils eurent achevé tout ce que prescrivait la loi du Seigneur, ils retournèrent en Galilée, dans leur ville de Nazareth. L'enfant, lui, grandissait et se fortifiait, rempli de sagesse, et la grâce de Dieu était sur lui.

Prière sur les offrandes

Reçois favorablement, nous t'en prions, Seigneur, les dons présentés par ton peuple : que tous obtiennent par tes sacrements ce qu'ils proclament dans la ferveur de la foi. Par le Christ, notre Seigneur. **— *Amen.***

Préface de la Nativité, p. 243.

Antienne de la communion
Tous, nous avons eu part
à la plénitude du Christ,
et reçu grâce après grâce.
(cf. Jn 1, 16)

Prière après la communion
Seigneur Dieu, toi qui viens jusqu'à nous quand nous participons à ce sacrement, produis en nos cœurs les fruits de ce mystère, pour que tes propres dons nous préparent à recevoir ce que tu nous donnes. Par le Christ, notre Seigneur. ***— Amen.***

INVITATION

Aujourd'hui, je peux rendre grâce pour tous les événements que j'ai vécus durant cette année qui s'achève.

COMMENTAIRE

Porteuse d'une Bonne Nouvelle

Luc 2, 36-40

La femme prophète, Anne, dans le Temple de Jérusalem, semble être en parfaite communion avec Dieu grâce à son jeûne et à sa prière. Elle peut donc se présenter comme porte-parole de Dieu et, ainsi, parler de l'enfant à tous ceux qui attendaient la délivrance de Jérusalem. Cet enfant manifestera que non seulement il est porte-parole de son Père, mais qu'il est la Parole : ses mots prononcés et ses gestes posés révéleront qui est Dieu et quelle est sa volonté. ■

***Gérard Naslin**, prêtre du diocèse de Nantes*

DIMANCHE 31 DÉCEMBRE 2023

LA SAINTE FAMILLE DE JÉSUS, MARIE ET JOSEPH

ANNÉE B – COULEUR LITURGIQUE : BLANC

Grandir dans la paix et dans l'amour du Seigneur. Que désirer de plus pour nos enfants et pour nos familles ? Dieu lui-même a choisi de vivre en famille, cette école de vie, au fil des jours, au rythme des repas partagés, des échanges de paroles et de services et de l'amour. Nos familles sont école et chemin de sainteté.

RITES INITIAUX

Chant d'entrée *(Suggestions p. 264)*
OU
Antienne d'ouverture
Les bergers vinrent en hâte, et ils découvrirent Marie et Joseph, avec le nouveau-né couché dans la mangeoire. (Lc 2, 16)

Suggestion de préparation pénitentielle *(ou p. 236)*
En ce jour où nous fêtons la Sainte Famille de Jésus, Marie et Joseph, tournons-nous vers Jésus, le Berger de toute l'humanité. Ensemble, demandons pardon à Dieu pour nos péchés.

(Jésus, Berger de toute humanité; R310-1; T.: CNPL/D. Rimaud; M.: J. Berthier.)

Jésus, Berger de toute humanité, tu es venu chercher ceux qui étaient perdus.
℟ ***Prends pitié de nous, fais-nous revenir, fais-nous revenir à toi! Prends pitié de nous!***
Jésus, Berger de toute humanité, tu es venu guérir ceux qui étaient malades. ℟
Jésus, Berger de toute humanité, tu es venu sauver ceux qui étaient pécheurs. ℟

Que Dieu tout-puissant nous fasse miséricorde; qu'il nous pardonne nos péchés et nous conduise à la vie éternelle. — ***Amen.***

Gloire à Dieu *(p. 238)*

Prière

Tu as voulu, Seigneur Dieu, que la Sainte Famille nous soit donnée en exemple ; accorde-nous, dans ta bonté, de pratiquer, comme elle, les vertus familiales et d'être unis par les liens de ton amour, afin de goûter la récompense éternelle dans la joie de ta maison. Par Jésus… ***– Amen.***

LITURGIE DE LA PAROLE

Lecture du livre de la Genèse (15, 1-6 ; 21, 1-3)

« Ton héritier sera quelqu'un de ton sang »

En ces jours-là, la parole du Seigneur fut adressée à Abram dans une vision : « Ne crains pas, Abram ! Je suis un bouclier pour toi. Ta récompense sera très grande. » Abram répondit : « Mon Seigneur Dieu, que pourrais-tu donc me donner ? Je m'en vais sans enfant, et l'héritier de ma maison, c'est Éliézer de Damas. » Abram dit encore : « Tu ne m'as pas donné de descendance, et c'est un de mes serviteurs qui sera mon héritier. » Alors cette parole du Seigneur fut adressée à Abram : « Ce n'est pas lui qui sera ton héritier, mais quelqu'un de ton sang. » Puis il le fit sortir et lui dit : « Regarde le ciel, et compte les étoiles, si tu le peux… » Et il déclara : « Telle sera ta descendance ! » Abram eut foi dans

le Seigneur et le Seigneur estima qu'il était juste. Le Seigneur visita Sara comme il l'avait annoncé ; il agit pour elle comme il l'avait dit. Elle devint enceinte, et elle enfanta un fils pour Abraham dans sa vieillesse, à la date que Dieu avait fixée. Et Abraham donna un nom au fils que Sara lui avait enfanté : il l'appela Isaac.
– Parole du Seigneur.

Psaume 104 (105)

℟ *Le Seigneur, c'est lui notre Dieu ;*
il s'est toujours souvenu de son alliance.

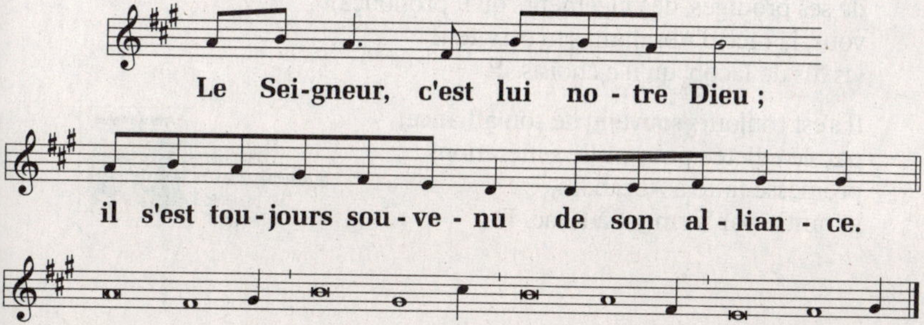

T. : AELF ; M. : L. Groslambert ; Éd. : ADF.

℟ Le Seigneur, c'est lui notre Dieu ;
il s'est toujours souvenu de son alliance.

Rendez grâce au Seigneur, proclamez son nom,
annoncez parmi les peuples ses hauts faits ;
chantez et jouez pour lui,
redites sans fin ses merveilles. ℟

Glorifiez-vous de son nom très saint :
joie pour les cœurs qui cherchent Dieu !
Cherchez le Seigneur et sa puissance,
recherchez sans trêve sa face. ℟

Souvenez-vous des merveilles qu'il a faites,
de ses prodiges, des jugements qu'il prononça,
vous, la race d'Abraham son serviteur,
les fils de Jacob, qu'il a choisis. ℟

Il s'est toujours souvenu de son alliance,
parole édictée pour mille générations :
promesse faite à Abraham,
garantie par serment à Isaac. ℟

Retrouvez ce psaume sur le CD "Les psaumes de l'année B"

Lecture de la lettre aux Hébreux (11, 8.11-12.17-19)

La foi d'Abraham, de Sara et d'Isaac

Frères, grâce à la foi, Abraham obéit à l'appel de Dieu : il partit vers un pays qu'il devait recevoir en héritage, et il partit sans savoir où il allait.

Grâce à la foi, Sara, elle aussi, malgré son âge, fut rendue capable d'être à l'origine d'une descendance parce qu'elle pensait que Dieu est fidèle à ses promesses. C'est pourquoi, d'un seul homme, déjà marqué par la mort, a pu naître une descendance aussi nombreuse que les étoiles du ciel et que le sable au bord de la mer, une multitude innombrable.

Grâce à la foi, quand il fut soumis à l'épreuve, Abraham offrit Isaac en sacrifice. Et il offrait le fils unique, alors qu'il avait reçu les promesses et entendu cette parole : *C'est par Isaac qu'une descendance portera ton nom.* Il pensait en effet que Dieu est capable même de ressusciter les morts ; c'est pourquoi son fils lui fut rendu : il y a là une préfiguration.

– Parole du Seigneur.

Acclamation de l'Évangile

Alléluia. Alléluia. À bien des reprises, Dieu, dans le passé, a parlé à nos pères par les prophètes ; à la fin, en ces jours où nous sommes, il nous a parlé par son Fils. ***Alléluia.***

U 52-98 © T. : B. Gschwind; M. : M. Wackenheim; psalmodie : Ph. Robert; ADF Musique.

Évangile de Jésus Christ selon saint Luc (2, 22-40)

(Lecture brève : Luc 2, 22. 39-40)

« L'enfant grandissait et se fortifiait, rempli de sagesse »

Quand fut accompli le temps prescrit par la loi de Moïse pour la purification, les parents de Jésus l'amenèrent à Jérusalem pour le présenter au Seigneur,

Interruption de la lecture brève

selon ce qui est écrit dans la Loi : *Tout premier-né de sexe masculin sera consacré au Seigneur.* Ils venaient aussi offrir le sacrifice prescrit par la loi du Seigneur : *un couple de tourterelles ou deux petites colombes.*

Or, il y avait à Jérusalem un homme appelé Syméon. C'était un homme juste et religieux, qui attendait la Consolation d'Israël, et

l'Esprit Saint était sur lui. Il avait reçu de l'Esprit Saint l'annonce qu'il ne verrait pas la mort avant d'avoir vu le Christ, le Messie du Seigneur. Sous l'action de l'Esprit, Syméon vint au Temple. Au moment où les parents présentaient l'enfant Jésus pour se conformer au rite de la Loi qui le concernait, Syméon reçut l'enfant dans ses bras, et il bénit Dieu en disant : « Maintenant, ô Maître souverain, tu peux laisser ton serviteur s'en aller en paix, selon ta parole. Car mes yeux ont vu le salut que tu préparais à la face des peuples : lumière qui se révèle aux nations et donne gloire à ton peuple Israël. » Le père et la mère de l'enfant s'étonnaient de ce qui était dit de lui. Syméon les bénit, puis il dit à Marie sa mère : « Voici que cet enfant provoquera la chute et le relèvement de beaucoup en Israël. Il sera un signe de contradiction – et toi, ton âme sera traversée d'un glaive – : ainsi seront dévoilées les pensées qui viennent du cœur d'un grand nombre. »
Il y avait aussi une femme prophète, Anne, fille de Phanuel, de la tribu d'Aser. Elle était très avancée en âge ; après sept ans de mariage, demeurée veuve, elle était arrivée à l'âge de 84 ans. Elle ne s'éloignait pas du Temple, servant Dieu jour et nuit dans le jeûne et la prière. Survenant à cette heure même, elle proclamait les louanges de Dieu et parlait de l'enfant à tous ceux qui attendaient la délivrance de Jérusalem.

Reprise de la lecture brève

Lorsqu'ils eurent achevé tout ce que prescrivait la loi du Seigneur, ils retournèrent en Galilée, dans leur ville de Nazareth. L'enfant, lui, grandissait et se fortifiait, rempli de sagesse, et la grâce de Dieu était sur lui.

Homélie

Profession de foi *(p. 239)*

Suggestion de prière universelle

Le prêtre :

En ce dimanche de la Sainte Famille, confions à Dieu, notre Père, le monde entier et particulièrement toutes les familles de la terre.

℟ ***Par Jésus, la pierre d'angle, exauce-nous Seigneur.***

T. : D. Lang ; M. : G. Notebaert ; Bayard Liturgie.

Le diacre ou un lecteur :

Loué sois-tu, Dieu notre Père, pour notre Église, appelée à être une grande famille, accueillante envers tous les peuples. Soutiens-la dans cette mission de fraternité universelle. Ensemble, prions. ℟

Loué sois-tu, Dieu notre Père, pour nos responsables politiques, pour nos élus. Qu'ils promeuvent la participation active des personnes handicapées à la vie de la société. Avec l'Église universelle, prions. ℟

Loué sois-tu, Dieu notre Père, pour celles et ceux qui se rendent auprès des personnes malades et isolées dans les maisons de retraite. Qu'ils apportent réconfort et joie en ce temps de Noël. Ensemble, prions. ℟

Loué sois-tu, Dieu notre Père, pour nos jeunes familles réunies en ce jour, joie et vie de notre assemblée. Réconforte, apaise et encourage les familles en difficulté, les familles séparées. Ensemble, prions. ℟

(Ces intentions seront adaptées ou modifiées selon les circonstances.)

Le prêtre :

Dieu notre Père, merci de veiller sur tous tes enfants de la terre. En ce temps de Noël, exauce toutes nos prières, par le Christ, notre Seigneur. — ***Amen.***

LITURGIE EUCHARISTIQUE

Prière sur les offrandes

En t'offrant, Seigneur, le sacrifice qui nous réconcilie avec toi, nous te supplions humblement : à la prière de la Vierge, la Mère de Dieu, et à la prière de saint Joseph, affermis nos familles dans ta grâce et dans ta paix. Par le Christ, notre Seigneur. — ***Amen.***

Prière eucharistique *(Préface de la Nativité, p. 243)*

Chant de communion *(Suggestions p. 264)*
OU
Antienne de la communion
Notre Dieu est apparu sur la terre
et il a vécu parmi les hommes.
(cf. Ba 3, 38)

Prière après la communion
Tu refais nos forces, Père très aimant, par le sacrement du ciel : donne-nous de toujours imiter les vertus de la Sainte Famille et, après les épreuves de cette vie, d'obtenir avec elle le bonheur sans fin. Par le Christ, notre Seigneur. – ***Amen.***

RITE DE CONCLUSION

Bénédiction

Envoi

COMMENTAIRE DU DIMANCHE
Benoît Gschwind, prêtre assomptionniste

Dieu fait merveille

Une terre, une famille, un peuple, des coutumes, une religion, voilà ce que Dieu veut pour son Fils. À la fois le meilleur et le plus simple pour signifier l'incarnation. Joseph et Marie vont fuir Bethléem pour rentrer chez eux par un autre chemin. En passant par l'Égypte, ils offrent un cadeau merveilleux à leur enfant : parcourir le chemin du peuple de Dieu arraché à une terre d'esclavage pour aller vers la Terre promise.
La fête de la Sainte Famille nous rappelle tout cela. Marie et Joseph vont au Temple accomplir leur mission de parents et présenter à Dieu leur enfant. Par le don total de sa vie, l'enfant sera Lumière pour tous les peuples. Les mots de Syméon peuvent étonner et surprendre, mais ils s'inscrivent déjà dans la dynamique pascale qui éclaire à jamais les ténèbres de l'humanité. •••

DIMANCHE 31 DÉCEMBRE 2023

••• Voilà Syméon comblé par la présence de celui que son peuple attendait. Au Temple, l'offrande de Joseph et Marie nous indique déjà le don total que le Christ va faire de sa vie. Toute sa vie va s'inscrire dans la promesse faite à Abraham, dans la foi d'Abraham, une foi qui rend toute chose possible pour Dieu et avec Dieu. C'est la foi de Marie, celle de Joseph ou la nôtre. Quand Jésus est présenté au Temple, nous sommes nous aussi invités à offrir à Dieu notre vie, la vie de nos enfants, la vie de nos proches. Un chemin d'émerveillement s'ouvre à nous. Dieu ne cesse de faire merveille en notre humanité. Magnificat !

À quelle occasion, dans ma vie, suis-je déjà reparti par un autre chemin parce que la rencontre avec Dieu avait transformé ma vie ?

Suis-je prêt à donner du temps à Dieu, à lui offrir ma vie ?

Jésus est Lumière des nations. Est-il la lampe de mes pas ? ■

Prions en Église junior

LIRE L'ÉVANGILE AVEC LES ENFANTS

CE QUE JE DÉCOUVRE

Les promesses de Dieu se réalisent toujours, même s'il faut parfois attendre longtemps...
Le vieux **Syméon reconnaît en Jésus le Sauveur que le monde attend.**
Devant Marie et Joseph, tout étonnés, il proclame que leur bébé est la lumière envoyée pour le salut du monde.
Marie et Joseph comprennent que Jésus n'est pas un enfant comme les autres.
Il est le Fils de Dieu, venu pour sauver les hommes.

CE QUE JE VIS

Quand on te promet quelque chose, as-tu la patience d'attendre ?
T'arrive-t-il de faire des promesses ? lesquelles ? à qui ?
Dans ta prière, demande à Jésus de t'accompagner dans ta vie.

MÉDITATION BIBLIQUE

LA SAINTE FAMILLE DE JÉSUS, MARIE ET JOSEPH

Évangile selon saint Luc 2, 22-40

La foi de Syméon

Syméon reconnaît l'incarnation de la parole de Dieu dans sa vie. Nous pourrions, nous aussi, par l'écoute et l'attention, repérer la présence divine dans nos existences.

Le temps de la préparation

« Rendez grâce au Seigneur, proclamez son nom, annoncez parmi les peuples ses hauts faits ; chantez et jouez pour lui, redites sans fin ses merveilles. » (Ps 104, 1-2)

Le temps de l'observation

En quoi voit-on que Syméon est bien un homme « juste et religieux » comme il est annoncé dans le texte ? Peut-être est-ce parce qu'il reçoit des prophéties comme celle lui annonçant qu'il verrait le Messie avant de mourir. Cela pourrait être parce que, sous l'action de l'Esprit, il se rend au Temple précisément le bon jour, à la bonne heure. Mais la foi de Syméon transparaît encore plus dans le fait de savoir reconnaître un signe de Dieu quand il se présente à lui. Recevant l'enfant dans ses bras, il comprend que c'est « le Messie du Seigneur ».

Il reconnaît en temps réel l'action de Dieu dans sa vie et en tire les conséquences. Il n'y a pas de délai. Syméon va vite. Il ne perd pas de temps. Il sait lire les événements de sa vie et y répondre. Prenant conscience du don de Dieu, il peut répondre au cœur de l'événement. « Maintenant, ô Maître souverain, tu peux laisser ton serviteur s'en aller en paix, selon ta parole. »

Le temps de la méditation

Syméon est un bel exemple de ce que la parole de Dieu construit dans une vie. Ayant pris au sérieux la fidélité de Dieu, il chemine avec elle. Il n'oublie pas et reste suffisamment à l'écoute des événements qui font sa vie. Cette écoute, cette attention lui permettent de savoir qu'il est comblé et exaucé en temps réel. Syméon a une belle vie. Son attitude est modélisante. Nous pourrions, nous aussi, nous promener dans notre existence en tenant pour vraies les paroles de Dieu et en les reconnaissant quand elles prennent chair. Nous serions alors conscients de la présence de Dieu dans le quotidien de nos vies. Cette attitude est simple à dire mais complexe à mettre en œuvre. Pourtant, le récit de Syméon est la preuve qu'après Noël, il est toujours possible de vivre d'une parole de Dieu qui habite nos existences et notre quotidien, à la condition que nous fassions de l'écoute et de l'attention nos meilleures alliées.

Le temps de la prière

« Cherchez le Seigneur
et sa puissance, recherchez
sans trêve sa face. » (Ps 104, 4) ■

Marie-Laure Durand,
bibliste

LA VIE EN PHOTO
RÉVEILLON DE LA SAINT-SYLVESTRE

Vœux

Bilans, vœux et bonnes résolutions… Voilà le triptyque de nos discussions quand les douze coups de minuit sonneront, ce 31 décembre. Les échanges de nos réveillons tourneront autour de ces sujets convenus. Pour autant que nous les fêtions. Car certains n'ont jamais ces conversations, encore moins ce soir. En France, une personne sur dix souffre de solitude et d'isolement. Une souffrance encore plus prégnante un jour de fête. Alors, partout en France, des paroisses, des mairies, des associations, ou tout simplement des voisins, proposent à des personnes isolées de vivre le réveillon. Et de faire tout à la fois un bilan, un vœu et une bonne résolution : que la fraternité existe encore. ■

Frédéric Pascal,
journaliste

« N'oubliez pas l'hospitalité :
elle a permis à certains, sans le savoir,
de recevoir chez eux des anges. »

Lettre aux Hébreux 13, 2

Réveillon solidaire organisé par le Secours catholique à Toulouse (31), en 2022.
© Christophe Hargoues / Secours Catholique

Liturgie de la messe

RITES INITIAUX

Le chant d'entrée achevé, le prêtre et les fidèles, debout, font le signe de la croix, tandis que le prêtre, tourné vers le peuple, dit :

Au nom du Père, et du Fils, et du Saint-Esprit.

Le peuple répond :

— Amen.

Salutation

La grâce de Jésus, le Christ, notre Seigneur, l'amour de Dieu le Père, et la communion de l'Esprit Saint soient toujours avec vous.

— Et avec votre esprit.

Ou bien : Que la grâce et la paix de Dieu notre Père et du Seigneur Jésus, le Christ, soient toujours avec vous.

— Et avec votre esprit.

Ou bien : Le Seigneur soit avec vous.

— Et avec votre esprit.

Acte pénitentiel

Frères et sœurs, préparons-nous à célébrer le mystère de l'eucharistie, en reconnaissant que nous avons péché.

(1) Je confesse à Dieu tout-puissant, je reconnais devant vous, frères et sœurs, que j'ai péché en pensée, en parole, par action et par omission ;
oui, j'ai vraiment péché. C'est pourquoi je supplie la bienheureuse Vierge Marie, les anges et tous les saints, et vous aussi, frères et sœurs, de prier pour moi le Seigneur notre Dieu.

(2) Prends pitié de nous, Seigneur. **— *Nous avons péché contre toi.***
Montre-nous, Seigneur, ta miséricorde. **— *Et donne-nous ton salut.***

(3) Seigneur Jésus, envoyé pour guérir les cœurs qui reviennent vers toi :
Seigneur, prends pitié. **— *Seigneur, prends pitié.***
Ô Christ, venu appeler les pécheurs : ô Christ, prends pitié.
— *Ô Christ, prends pitié.*
Seigneur, qui sièges à la droite du Père où tu intercèdes pour nous :
Seigneur, prends pitié. **— *Seigneur, prends pitié.***

Que Dieu tout-puissant nous fasse miséricorde ; qu'il nous pardonne nos péchés et nous conduise à la vie éternelle. **— *Amen.***

Ensuite, on chante ou on dit le Kyrie eleison (Seigneur, prends pitié), à moins qu'il n'ait été déjà employé dans une formule de l'acte pénitentiel (c'est le cas de la précédente).

Kyrie, eleison. **— *Kyrie, eleison.***
Christe, eleison. **— *Christe, eleison.***
Kyrie, eleison. **— *Kyrie, eleison.***
ou bien : Seigneur, prends pitié. **— *Seigneur, prends pitié.***
Ô Christ, prends pitié. **— *Ô Christ, prends pitié.***
Seigneur, prends pitié. **— *Seigneur, prends pitié.***

Gloire à Dieu

Gloire à Dieu, au plus haut des cieux, et paix sur la terre aux hommes,
qu'il aime. Nous te louons, nous te bénissons, nous t'adorons,
nous te glorifions, nous te rendons grâce, pour ton immense gloire,
Seigneur Dieu, Roi du ciel, Dieu le Père tout-puissant.
Seigneur, Fils unique, Jésus Christ, Seigneur Dieu,
Agneau de Dieu, le Fils du Père ;
toi qui enlèves les péchés du monde, prends pitié de nous ;
toi qui enlèves les péchés du monde, reçois notre prière ;
toi qui es assis à la droite du Père, prends pitié de nous.
Car toi seul es Saint, toi seul es Seigneur, toi seul es le Très-Haut :
Jésus Christ, avec le Saint-Esprit dans la gloire de Dieu le Père. Amen.

Gloria in excelsis Deo et in terra pax hominibus bonæ voluntatis. Laudamus te, benedicimus te, adoramus te, glorificamus te, gratias agimus tibi propter magnam gloriam tuam, Domine Deus, Rex cœlestis, Deus Pater omnipotens. Domine Fili unigenite, Iesu Christe, Domine Deus, Agnus Dei, Filius Patris, qui tollis peccata mundi, miserere nobis ; qui tollis peccata mundi, suscipe deprecationem nostram. Qui sedes ad dexteram Patris, miserere nobis.
Quoniam tu solus Sanctus, tu solus Dominus, tu solus Altissimus,
Iesu Christe, cum Sancto Spiritu : in gloria Dei Patris. Amen.

Prière d'ouverture

Voir à la date du jour.

LITURGIE DE LA PAROLE

Voir à la date du jour.

Profession de foi

Symbole de Nicée-Constantinople

Je crois en un seul Dieu, le Père tout-puissant,
créateur du ciel et de la terre, de l'univers visible et invisible.
Je crois en un seul Seigneur, Jésus Christ, le Fils unique de Dieu,
né du Père avant tous les siècles : il est Dieu, né de Dieu,
lumière née de la lumière, vrai Dieu, né du vrai Dieu,
engendré, non pas créé, consubstantiel au Père, et par lui tout a été fait.
Pour nous les hommes, et pour notre salut, il descendit du ciel;
par l'Esprit Saint, il a pris chair de la Vierge Marie, et s'est fait homme.
Crucifié pour nous sous Ponce Pilate,
il souffrit sa passion et fut mis au tombeau.
Il ressuscita le troisième jour, conformément aux Écritures,
et il monta au ciel; il est assis à la droite du Père.
Il reviendra dans la gloire, pour juger les vivants et les morts;
et son règne n'aura pas de fin.
Je crois en l'Esprit Saint, qui est Seigneur et qui donne la vie;
il procède du Père et du Fils; avec le Père et le Fils,
il reçoit même adoration et même gloire; il a parlé par les prophètes.
Je crois en l'Église, une, sainte, catholique et apostolique.
Je reconnais un seul baptême pour le pardon des péchés.
J'attends la résurrection des morts, et la vie du monde à venir. Amen.

Credo in unum Deum, Patrem omnipotentem,
Factorem cæli et terræ, visibilium omnium et invisibilium.
Et in unum Dominum Iesum Christum, Filium Dei unigenitum,
et ex Patre natum ante omnia sæcula.
Deum de Deo, lumen de lumine, Deum verum de Deo vero, genitum,
non factum, consubstantialem Patri : per quem omnia facta sunt.
Qui propter nos homines et propter nostram salutem descendit de cælis.
Et incarnatus est de Spiritu Sancto ex Maria Virgine, et homo factus est.
Crucifixus etiam pro nobis sub Pontio Pilato;
passus et sepultus est, et resurrexit tertia die, secundum Scripturas,
et ascendit in cælum, sedet ad dexteram Patris.
Et iterum venturus est cum gloria, iudicare vivos et mortuos,
cuius regni non erit finis.
Et in Spiritum Sanctum, Dominum et vivificantem :
qui ex Patre Filioque procedit.
Qui cum Patre et Filio simul adoratur et conglorificatur :
qui locutus est per prophetas.
Et unam, sanctam, catholicam et apostolicam Ecclesiam.
Confiteor unum baptisma in remissionem peccatorum.
Et exspecto resurrectionem mortuorum, et vitam venturi sæculi.
Amen.

Symbole des Apôtres

Je crois en Dieu, le Père tout-puissant, créateur du ciel et de la terre.
Et en Jésus Christ, son Fils unique, notre Seigneur,
qui a été conçu du Saint-Esprit, est né de la Vierge Marie,
a souffert sous Ponce Pilate, a été crucifié, est mort et a été enseveli,
est descendu aux enfers, le troisième jour est ressuscité des morts,
est monté aux cieux, est assis à la droite de Dieu le Père tout-puissant,
d'où il viendra juger les vivants et les morts.
Je crois en l'Esprit Saint, à la sainte Église catholique,
à la communion des saints, à la rémission des péchés,
à la résurrection de la chair, à la vie éternelle. Amen.

Prière universelle

LITURGIE EUCHARISTIQUE

Préparation des dons

Tu es béni, Seigneur, Dieu de l'univers : nous avons reçu de ta bonté le pain
que nous te présentons, fruit de la terre et du travail des hommes ;
il deviendra pour nous le pain de la vie. ***—Béni soit Dieu, maintenant et toujours !***

Comme cette eau se mêle au vin pour le sacrement de l'Alliance,
puissions-nous être unis à la divinité de celui qui a voulu prendre notre humanité.

Tu es béni, Seigneur, Dieu de l'univers : nous avons reçu de ta bonté le vin
que nous te présentons, fruit de la vigne et du travail des hommes ;
il deviendra pour nous le vin du Royaume éternel.
—Béni soit Dieu, maintenant et toujours !

Le cœur humble et contrit, nous te supplions, Seigneur, accueille-nous : que notre sacrifice, en ce jour, trouve grâce devant toi, Seigneur notre Dieu. Lave-moi de mes fautes, Seigneur, et purifie-moi de mon péché.

Prière sur les offrandes

Priez, frères et sœurs : que mon sacrifice, qui est aussi le vôtre, soit agréable à Dieu le Père tout-puissant.

— Que le Seigneur reçoive de vos mains ce sacrifice à la louange et à la gloire de son nom, pour notre bien et celui de toute l'Église.

Ou bien :

Prions ensemble, au moment d'offrir le sacrifice de toute l'Église.

— Pour la gloire de Dieu et le salut du monde.

Prière eucharistique

Le Seigneur soit avec vous. ***— Et avec votre esprit.***

Élevons notre cœur. ***— Nous le tournons vers le Seigneur.***

Rendons grâce au Seigneur notre Dieu. ***— Cela est juste et bon.***

Préfaces

1re préface de l'Avent

Les deux avènements du Christ

Vraiment, il est juste et bon, pour ta gloire et notre salut, de t'offrir notre action de grâce, toujours et en tout lieu, Seigneur, Père très saint, Dieu éternel et tout-puissant, par le Christ, notre Seigneur. Car il est déjà venu, en assumant l'humble condition de notre chair, pour accomplir l'éternel dessein de ton amour et nous ouvrir à jamais le chemin du salut ; il viendra de nouveau, revêtu de sa gloire, afin que nous possédions dans la pleine lumière les biens que tu nous as promis et que nous attendons en veillant dans la foi. C'est pourquoi, avec les anges et les archanges, avec les puissances d'en haut et tous les esprits bienheureux, nous chantons l'hymne de ta gloire et sans fin nous proclamons : ***Saint ! Saint ! Saint...***

2e préface de l'Avent

L'attente des deux avènements du Christ

Vraiment, il est juste et bon, pour ta gloire et notre salut, de t'offrir notre action de grâce, toujours et en tout lieu, Seigneur, Père très saint, Dieu éternel et tout-puissant, par le Christ, notre Seigneur. Il est celui que tous les prophètes avaient annoncé, celui que la Vierge Mère attendait dans le secret de son amour, celui dont Jean Baptiste a proclamé la venue et manifesté la présence. C'est lui qui nous donne la joie d'entrer déjà dans le mystère de Noël, pour qu'il nous trouve, quand il viendra, vigilants dans la prière et remplis d'allégresse. C'est pourquoi, avec les anges et les archanges, avec les puissances d'en haut et tous les esprits bienheureux, nous chantons l'hymne de ta gloire et sans fin nous proclamons :
Saint ! Saint ! Saint...

1re préface de la Nativité

Le Christ lumière

Vraiment, il est juste et bon, pour ta gloire et notre salut, de t'offrir notre action de grâce, toujours et en tout lieu, Seigneur, Père très saint, Dieu éternel et tout-puissant. Car la révélation de ta gloire s'est éclairée pour nous d'une lumière nouvelle dans le mystère du Verbe incarné. Maintenant, nous connaissons en lui Dieu qui s'est rendu visible à nos

yeux, et nous sommes entraînés par lui à aimer ce qui demeure invisible. C'est pourquoi, avec les anges et les archanges, avec les puissances d'en haut et tous les esprits bienheureux, nous chantons l'hymne de ta gloire et sans fin nous proclamons :
Saint ! Saint ! Saint...

2e préface de la Nativité

La restauration universelle dans l'Incarnation

Vraiment, il est juste et bon, pour ta gloire et notre salut, de t'offrir notre action de grâce, toujours et en tout lieu, Seigneur, Père très saint, Dieu éternel et tout-puissant, par le Christ, notre Seigneur. Dans le mystère de la Nativité, celui qui par nature est invisible s'est rendu visible en notre chair ; engendré avant le temps, il entre dans le cours du temps. Relevant en lui la création déchue, il restaure toute chose et ramène l'homme perdu vers le royaume des Cieux. C'est pourquoi nous te louons avec tous les anges et, dans la joie, nous te célébrons en proclamant : ***Saint ! Saint ! Saint...***

3e préface de la Nativité

L'échange entre Dieu et les hommes dans l'Incarnation du Verbe

Vraiment, il est juste et bon, pour ta gloire et notre salut, de t'offrir notre action de grâce, toujours et en tout lieu, Seigneur, Père très saint, Dieu éternel et tout-puissant, par le Christ, notre Seigneur. Par lui resplendit en ce jour l'échange merveilleux où nous sommes régénérés : lorsque ton Verbe prend sur lui la fragilité humaine, notre condition mortelle en reçoit une infinie noblesse ; il devient tellement l'un de nous que nous devenons éternels. C'est pourquoi, unis au chœur des anges, nous te louons dans la joie en proclamant :
Saint ! Saint ! Saint...

2e préface de la Vierge Marie

L'Église loue Dieu avec les paroles de Marie

Vraiment, Père très saint, il est juste et bon, pour ta gloire et notre salut, de te proclamer admirable dans le triomphe de tous les saints, et, plus encore, de dire la grandeur de ta bonté pour fêter la bienheureuse Vierge Marie, en reprenant son cantique d'action de grâce. Oui, tu as fait des merveilles pour la terre entière et tu as étendu ta miséricorde à tous les âges, en choisissant ton humble servante pour donner au monde le Sauveur, ton Fils, le Seigneur Jésus Christ. Par lui, les anges adorent ta majesté et se réjouissent en ta présence à jamais. À leur hymne de louange, laisse-nous joindre nos voix pour chanter et proclamer :

Saint ! Saint ! Saint,
le Seigneur,
Dieu de l'univers !
Le ciel et la terre
sont remplis de ta gloire.
Hosanna au plus haut des cieux.
Béni soit celui qui vient
au nom du Seigneur.
Hosanna au plus haut des cieux.

Sanctus, Sanctus, Sanctus
Dominus Deus Sabaoth.
Pleni sunt cæli et terra gloria tua.
Hosanna in excelsis.
Benedictus qui venit in nomine
Domini. Hosanna in excelsis.

• *Prière eucharistique **1***
« Toi, Père très aimant... » .... p. 246
• *Prière eucharistique **2***
« Toi qui es vraiment saint... » .... p. 251
• *Prière eucharistique **3***
« Tu es vraiment saint... » .... p. 253
• *Prière eucharistique **4***
« Père très saint... » .... p. 257

Prière eucharistique nº 1

(Préfaces : p. 242)

Toi, Père très aimant, nous te prions et te supplions par Jésus Christ, ton Fils, notre Seigneur, d'accepter et de bénir ✠ ces dons, ces offrandes, sacrifice pur et saint, que nous te présentons avant tout pour ta sainte Église catholique : accorde-lui la paix et protège-la, daigne la rassembler dans l'unité et la gouverner par toute la terre ; nous les présentons en union avec ton serviteur notre pape N., notre évêque N., et tous ceux qui gardent fidèlement la foi catholique reçue des Apôtres.

Souviens-toi, Seigneur, de tes serviteurs et de tes servantes (de N. et de N.), et de tous ceux qui sont ici réunis, dont tu connais la foi et l'attachement. Nous t'offrons pour eux, ou ils t'offrent pour eux-mêmes et tous les leurs ce sacrifice de louange, pour leur propre rédemption, pour la paix, et le salut qu'ils espèrent ; ils te rendent cet hommage, à toi, Dieu éternel, vivant et vrai.

(1) **En semaine :**

• Unis dans une même communion, vénérant d'abord la mémoire de la bienheureuse Marie toujours Vierge, Mère de notre Dieu et Seigneur, Jésus Christ, •••

(2) **Le dimanche :**

• Unis dans une même communion, nous célébrons le jour où le Christ est ressuscité d'entre les morts ; et vénérant d'abord la mémoire de la bienheureuse Marie toujours vierge, Mère de notre Dieu et Seigneur, Jésus Christ, •••

(3) **Pour l'Immaculée Conception :**

• Unis dans une même communion, nous célébrons le jour où la Vierge Marie a été conçue sans la faute originelle, puisque tu l'avais choisie pour être la Mère du Sauveur ; et vénérant d'abord la mémoire de cette Vierge bienheureuse, la Mère de notre Dieu et Seigneur, Jésus Christ, •••

(4) **De la Nativité au 1er janvier :**

• Unis dans une même communion, nous célébrons (la nuit très sainte) le jour très saint où Marie, dans la gloire de sa virginité, enfanta le Sauveur du monde ; et vénérant d'abord la mémoire de cette Vierge bienheureuse, la Mère de notre Dieu et Seigneur, Jésus Christ, •••

••• et celle de saint Joseph, son époux, des bienheureux Apôtres et Martyrs Pierre et Paul, André, [Jacques et Jean, Thomas, Jacques et Philippe, Barthélemy et Matthieu, Simon et Jude, Lin, Clet, Clément, Sixte, Corneille et Cyprien, Laurent, Chrysogone, Jean et Paul, Côme et Damien,] et de tous les saints, nous t'en supplions : accorde-nous, par leur prière et leurs mérites, d'être toujours et partout, forts de ton secours et de ta protection. [Par le Christ, notre Seigneur. Amen.]

Prière eucharistique n° 1

Voici donc l'offrande que nous présentons devant toi, nous, tes serviteurs, et ta famille entière : Seigneur, dans ta bienveillance, accepte-la. Assure toi-même la paix de notre vie, arrache-nous à la damnation éternelle et veuille nous admettre au nombre de tes élus. [Par le Christ, notre Seigneur. Amen.]

Seigneur Dieu, nous t'en prions, daigne bénir et accueillir cette offrande, accepte-la pleinement, rends-la parfaite et digne de toi : qu'elle devienne pour nous le corps et le sang de ton Fils bien-aimé, Jésus, le Christ, notre Seigneur.

La veille de sa passion, il prit le pain dans ses mains très saintes et, les yeux levés au ciel, vers toi, Dieu, son Père tout-puissant, en te rendant grâce il dit la bénédiction, il rompit le pain, et le donna à ses disciples, en disant : « **Prenez, et mangez-en tous** : ceci est mon corps livré pour vous. » De même, après le repas, il prit cette coupe incomparable dans ses mains très saintes; et, te rendant grâce à nouveau, il dit la bénédiction, et donna la coupe à ses disciples, en disant : « Prenez, et **buvez-en tous**, car ceci est la coupe de mon sang, le sang de l'Alliance nouvelle et éternelle, qui sera versé pour vous et pour la multitude en rémission des péchés. Vous ferez cela en mémoire de moi. »

(1) Il est grand, le mystère de la foi :
— Nous annonçons ta mort, Seigneur Jésus, nous proclamons ta résurrection, nous attendons ta venue dans la gloire.

(2) Acclamons le mystère de la foi :
— Quand nous mangeons ce pain et buvons à cette coupe, nous annonçons ta mort, Seigneur ressuscité, et nous attendons que tu viennes.

(3) Qu'il soit loué, le mystère de la foi :
— Sauveur du monde, sauve-nous ! Par ta croix et ta résurrection, tu nous as libérés.

ou: Proclamons le mystère de la foi :
— Gloire à toi qui étais mort, gloire à toi qui es vivant, notre Sauveur et notre Dieu : viens, Seigneur Jésus !

Mysterium fidei.
(1) – *Mortem tuam annuntiamus, Domine, et tuam resurrectionem confitemur, donec venias.*
(2) – *Quotiescumque manducamus panem hunc et calicem bibimus, mortem tuam annuntiamus, Domine, donec venias.*
(3) – *Salvator mundi, salva nos, qui per crucem et resurrectionem tuam liberasti nos.*

Voilà pourquoi nous, tes serviteurs, et ton peuple saint avec nous, faisant mémoire de la passion bienheureuse de ton Fils, Jésus, le Christ, notre Seigneur, de sa résurrection du séjour des morts et de sa glorieuse ascension dans le ciel, nous te présentons, Dieu de gloire et de majesté, cette offrande prélevée sur les biens que tu nous donnes, le sacrifice pur et saint, le sacrifice parfait, pain de la vie éternelle et coupe du salut. Et comme il t'a plu d'accueillir les présents de ton serviteur Abel le Juste, le sacrifice d'Abraham, notre père dans la foi, et celui que t'offrit Melkisédek, ton grand prêtre, oblation sainte et immaculée, regarde ces offrandes avec amour et, dans ta bienveillance, accepte-les. Nous t'en supplions, Dieu tout-puissant : qu'elles soient portées par les mains de ton saint Ange en présence de ta gloire, sur ton autel céleste, afin qu'en recevant ici, par notre communion à l'autel, le corps et le sang très saints de ton Fils, nous soyons comblés de la grâce et de toute bénédiction du ciel. [Par le Christ, notre Seigneur. Amen.]

Souviens-toi aussi, Seigneur, de tes serviteurs et de tes servantes (de N. et N.) qui nous ont précédés, marqués du signe de la foi, et qui dorment dans la paix. Pour eux et pour tous ceux qui reposent dans le Christ, nous implorons ta bonté, Seigneur : qu'ils demeurent dans la joie, la lumière et la paix. [Par le Christ, notre Seigneur. Amen.]

Et nous pécheurs, tes serviteurs, qui mettons notre espérance en ta miséricorde inépuisable, admets-nous dans la communauté des saints Apôtres et martyrs, avec Jean Baptiste, Étienne, Matthias et Barnabé, [Ignace, Alexandre, Marcellin et Pierre, Félicité et Perpétue, Agathe, Lucie, Agnès, Cécile, Anastasie,] et tous les saints; nous t'en prions, accueille-nous dans leur compagnie, sans nous juger sur le mérite mais en accordant largement ton pardon. Par le Christ, notre Seigneur. Par lui, tu ne cesses de créer tous ces biens, tu les sanctifies, leur donnes la vie, les bénis, et nous en fais le don.

Prière eucharistique nº 2

Par lui, avec lui et en lui, à toi, Dieu le Père tout-puissant, dans l'unité du Saint-Esprit, tout honneur et toute gloire, pour les siècles des siècles.

– Amen.

Vient ensuite le rite de la communion, p. 261.

Prière eucharistique nº 2

(On peut aussi choisir une autre préface.)

Vraiment, Père très saint, il est juste et bon, pour ta gloire et notre salut, de t'offrir notre action de grâce, toujours et en tout lieu, par ton Fils bien-aimé, Jésus, le Christ : il est ta Parole par qui tu as créé toutes choses ; c'est lui que tu nous as envoyé comme Rédempteur et Sauveur, Dieu fait homme, conçu de l'Esprit Saint, né de la Vierge Marie. Pour accomplir jusqu'au bout ta volonté et rassembler un peuple saint qui t'appartienne, il étendit les mains à l'heure de sa passion, afin de briser la mort, et de manifester la résurrection. C'est pourquoi, avec les anges et tous les saints, nous chantons ta gloire, et d'une seule voix nous proclamons :

Saint ! Saint ! Saint, le Seigneur,
Dieu de l'univers ! Le ciel et la terre
sont remplis de ta gloire.
Hosanna au plus haut des cieux.
Béni soit celui qui vient
au nom du Seigneur.
Hosanna au plus haut des cieux.

(Voir p. 245 pour la version latine.)

(1) **En semaine :**
• Toi qui es vraiment saint, toi qui es la source de toute sainteté, Seigneur, nous te prions : •••

(2) **Le dimanche :**
• Toi qui es vraiment saint, toi qui es la source de toute sainteté, Dieu notre Père, nous voici rassemblés devant toi, et, dans la communion de toute l'Église, nous célébrons le jour où le Christ est ressuscité d'entre les morts. Par lui que tu as élevé à ta droite, nous te prions : •••

(3) **Pour l'Immaculée Conception :**
• Toi qui es vraiment saint, toi qui es la source de toute sainteté, Dieu notre Père, nous voici rassemblés devant toi et, dans la communion de toute l'Église, nous célébrons le jour où la Vierge Marie a été conçue sans la faute originelle, puisque tu l'avais choisie pour être la Mère du Sauveur. Par lui, qui a enlevé le péché du monde, nous te prions : •••

(4) **De la Nativité au 1er janvier :**
• Toi qui es vraiment saint, toi qui es la source de toute sainteté, Dieu notre Père, nous voici rassemblés devant toi, et, dans la communion de toute l'Église, nous célébrons (la nuit très sainte) le jour très saint où Marie, dans la gloire de sa virginité, enfanta le Sauveur du monde. Par lui, notre Rédempteur et notre Seigneur, nous te prions : •••

••• Sanctifie ces offrandes en répandant sur elles ton Esprit ; qu'elles deviennent pour nous le corps et ✝ le sang de Jésus, le Christ, notre Seigneur.

Au moment d'être livré et d'entrer librement dans sa passion, il prit le pain, il rendit grâce, il le rompit et le

donna à ses disciples, en disant :
« Prenez, et mangez-en tous : ceci est mon corps livré pour vous. »
De même, après le repas, il prit la coupe ; de nouveau il rendit grâce, et la donna à ses disciples, en disant :
« Prenez, et buvez-en tous, car ceci est la coupe de mon sang, le sang de l'Alliance nouvelle et éternelle, qui sera versé pour vous et pour la multitude en rémission des péchés. Vous ferez cela en mémoire de moi. »

(1) Il est grand, le mystère de la foi :
— Nous annonçons ta mort, Seigneur Jésus, nous proclamons ta résurrection, nous attendons ta venue dans la gloire.

(2) Acclamons le mystère de la foi :
— Quand nous mangeons ce pain et buvons à cette coupe, nous annonçons ta mort, Seigneur ressuscité, et nous attendons que tu viennes.

(3) Qu'il soit loué, le mystère de la foi :
— Sauveur du monde, sauve-nous ! Par ta croix et ta résurrection, tu nous as libérés.
ou : Proclamons le mystère de la foi :
— Gloire à toi qui étais mort, gloire à toi qui es vivant, notre Sauveur et notre Dieu : viens, Seigneur Jésus !
(Voir p. 248 pour la version latine.)

En faisant ainsi mémoire de la mort et de la résurrection de ton Fils, nous t'offrons, Seigneur, le pain de la vie et la coupe du salut, et nous te rendons grâce, car tu nous as estimés dignes de nous tenir devant toi pour te servir. Humblement, nous te demandons qu'en ayant part au corps et au sang du Christ, nous soyons rassemblés par l'Esprit Saint en un seul corps.

Souviens-toi, Seigneur, de ton Église répandue à travers le monde : fais-la grandir dans ta charité en union avec notre pape N., notre évêque N., et tous les évêques, les prêtres et les diacres.

Souviens-toi aussi de nos frères et sœurs qui se sont endormis dans l'espérance de la résurrection, et souviens-toi, dans ta miséricorde, de tous les défunts : accueille-les dans la lumière de ton visage.

Sur nous tous enfin, nous implorons ta bonté : permets qu'avec la Vierge Marie, la bienheureuse Mère de Dieu, avec saint Joseph, son époux, les Apôtres et tous les saints qui ont fait ta joie au long des âges, nous ayons part à la vie éternelle et que nous chantions ta louange et ta gloire, par ton Fils Jésus, le Christ.

Par lui, avec lui et en lui, à toi, Dieu le Père tout-puissant, dans l'unité du Saint-Esprit, tout honneur et toute gloire, pour les siècles des siècles.

— Amen.

Vient ensuite le rite de la communion, p. 261.

Prière eucharistique nº 3

(Préfaces : p. 242)

Tu es vraiment saint, Dieu de l'univers, et il est juste que toute la création proclame ta louange, car c'est toi qui donnes la vie, c'est toi qui sanctifies toutes choses, par ton Fils, Jésus Christ, notre Seigneur, avec la puissance de l'Esprit Saint ; et tu ne cesses de rassembler ton peuple, afin que, du levant au couchant du soleil, une offrande pure soit présentée à ton nom.

Prière eucharistique nº 3

(1) **En semaine :**
• C'est pourquoi nous te supplions, Seigneur, de consacrer toi-même les offrandes que nous apportons : •••

(2) **Le dimanche :**
• C'est pourquoi nous voici rassemblés devant toi, Dieu notre Père, et, dans la communion de toute l'Église, nous célébrons le jour où le Christ est ressuscité d'entre les morts. Par lui, que tu as élevé à ta droite, nous te supplions de consacrer toi-même les offrandes que nous apportons : •••

(3) **Pour l'Immaculée Conception :**
• C'est pourquoi nous voici rassemblés devant toi, Dieu notre Père, et, dans la communion de toute l'Église, nous célébrons le jour où la Vierge Marie a été conçue sans la faute originelle, puisque tu l'avais choisie pour être la Mère du Sauveur. Par lui, qui a enlevé le péché du monde, nous te supplions de consacrer toi-même les offrandes que nous apportons : •••

(4) **De la Nativité au 1er janvier :**
• C'est pourquoi nous voici rassemblés devant toi, Dieu notre Père, et, dans la communion de toute l'Église, nous célébrons (la nuit très sainte) le jour très saint où Marie, dans la gloire de sa virginité, enfanta le Sauveur du monde. Par lui, notre Rédempteur et notre Seigneur, nous te supplions de consacrer toi-même les offrandes que nous apportons : •••

••• Sanctifie-les par ton Esprit pour qu'elles deviennent le corps ✠ et le sang de ton Fils, Jésus Christ, notre Seigneur, qui nous a dit de célébrer ce mystère.

La nuit même où il fut livré, il prit le pain, en te rendant grâce il dit la bénédiction, il rompit le pain, et

le donna à ses disciples, en disant : « **Prenez, et mangez-en tous** : ceci est mon corps livré pour vous. »
De même, après le repas, il prit la coupe ; en te rendant grâce il dit la bénédiction, et donna la coupe à ses disciples, en disant : « **Prenez, et buvez-en tous**, car ceci est la coupe de mon sang, le sang de l'Alliance nouvelle et éternelle, qui sera versé pour vous et pour la multitude en rémission des péchés. Vous ferez cela en mémoire de moi. »

(1) Il est grand, le mystère de la foi :
— Nous annonçons ta mort, Seigneur Jésus, nous proclamons ta résurrection, nous attendons ta venue dans la gloire.

(2) Acclamons le mystère de la foi :
— Quand nous mangeons ce pain
et buvons à cette coupe,
nous annonçons ta mort,
Seigneur ressuscité,
et nous attendons que tu viennes.

(3) Qu'il soit loué, le mystère de la foi :
— Sauveur du monde, sauve-nous !
Par ta croix et ta résurrection,
tu nous as libérés.
ou :
Proclamons le mystère de la foi :
— Gloire à toi qui étais mort, gloire à toi qui es vivant, notre Sauveur et notre Dieu : viens, Seigneur Jésus !
(Voir p. 248 pour la version latine.)

En faisant ainsi mémoire de ton Fils, de sa passion qui nous sauve, de sa glorieuse résurrection et de son ascension dans le ciel, alors que nous attendons son dernier avènement, nous t'offrons, Seigneur, en action de grâce, ce sacrifice vivant et saint. Regarde, nous t'en prions, l'oblation de ton Église, et daigne y reconnaître ton Fils qui, selon ta volonté, s'est offert en sacrifice pour nous réconcilier avec toi. Quand nous serons nourris de son corps et de son sang, et remplis de l'Esprit

Prière eucharistique n° 3

Saint, accorde-nous d'être un seul corps et un seul esprit dans le Christ.

Que l'Esprit Saint fasse de nous une éternelle offrande à ta gloire, pour que nous obtenions un jour l'héritage promis, avec tes élus : en premier lieu la bienheureuse Vierge Marie, Mère de Dieu, avec saint Joseph, son époux, les bienheureux Apôtres, les glorieux martyrs, (saint N.) et tous les saints, qui ne cessent d'intercéder auprès de toi et nous assurent de ton secours.

Et maintenant nous te supplions, Seigneur : par le sacrifice qui nous réconcilie avec toi, étends au monde entier le salut et la paix. Affermis ton Église, en pèlerinage sur la terre, dans la foi et la charité, en union avec ton serviteur notre pape N., et notre évêque N., l'ensemble des évêques, les prêtres, les diacres, et tout le peuple que tu as racheté. Écoute, en ta bonté, les prières de ta famille, que tu as voulu rassembler devant toi. Dans ta miséricorde, ramène à toi, Père très aimant, tous tes enfants dispersés.

Pour nos frères et sœurs défunts, et pour tous ceux qui ont quitté ce monde et trouvent grâce devant toi, nous te prions : en ta bienveillance, accueille-les dans ton Royaume, où nous espérons être comblés de ta gloire, tous ensemble et pour l'éternité, par le Christ, notre Seigneur, par qui tu donnes au monde toute grâce et tout bien.

Par lui, avec lui et en lui, à toi, Dieu le Père tout-puissant, dans l'unité du Saint-Esprit, tout honneur et toute gloire, pour les siècles des siècles.
— *Amen.*

Vient ensuite le rite de la communion, p. 261.

Prière eucharistique nº 4

Vraiment, il est bon de te rendre grâce, il est juste et bon de te glorifier, Père très saint, car tu es le seul Dieu, le Dieu vivant et vrai : toi qui es avant tous les siècles, tu demeures éternellement, lumière au-delà de toute lumière. Toi, le Dieu de bonté, la source de la vie, tu as fait le monde pour que toute créature soit comblée de tes bénédictions, et que beaucoup se réjouissent de l'éclat de ta lumière. Ainsi, la foule innombrable des anges qui te servent jour et nuit se tiennent devant toi, et, contemplant la splendeur de ta face, n'interrompent jamais leur louange. Unis à leur hymne d'allégresse, avec la création tout entière qui t'acclame par nos voix, Dieu, nous te chantons (louons) :

Saint ! Saint ! Saint,
le Seigneur,
Dieu de l'univers !
Le ciel et la terre
sont remplis de ta gloire.
Hosanna au plus haut des cieux.
Béni soit celui qui vient
au nom du Seigneur.
Hosanna au plus haut des cieux.
(Voir p. 245 pour la version latine.)

Père très saint, nous proclamons que tu es grand et que tu as fait toutes choses avec sagesse et par amour : tu as créé l'homme à ton image et tu lui as confié l'univers, afin qu'en te servant, toi seul, son Créateur, il règne sur la création. Comme il avait perdu ton amitié par sa désobéissance, tu ne l'as pas abandonné au pouvoir de la mort. Dans ta miséricorde, tu es venu en aide à tous les hommes pour qu'ils te cherchent et puissent te trouver. Tu as multiplié les alliances avec eux, et tu les as formés, par les prophètes, dans l'espérance du salut. Tu as tellement aimé le monde, Père très saint, que tu nous as envoyé ton Fils unique, lorsque les temps furent accomplis, pour qu'il soit notre Sauveur. Dieu fait homme, conçu de l'Esprit Saint, né de la Vierge Marie, il a vécu notre condition humaine en toute chose, excepté le péché, annonçant aux pauvres la bonne nouvelle du salut ; aux captifs, la délivrance ; aux affligés, la joie. Pour accomplir le dessein de ton amour, il s'est livré lui-même à la mort, et, par sa résurrection, il a détruit la mort et renouvelé la vie. Afin que désormais notre vie ne soit plus à nous-mêmes, mais à lui qui est mort et ressuscité pour nous, il a envoyé d'auprès de toi, Père, comme premier don fait aux croyants, l'Esprit Saint qui continue son œuvre dans le monde et achève toute sanctification.

Que ce même Esprit Saint, nous t'en prions, Seigneur, sanctifie ces offrandes : qu'elles deviennent ainsi le corps ✠ et le sang de notre Seigneur Jésus, le Christ, dans la célébration de ce grand mystère, que lui-même nous a laissé en signe de l'Alliance éternelle.

Quand l'heure fut venue où tu allais le glorifier, Père très saint, comme il avait aimé les siens qui étaient dans le monde, il les aima jusqu'au bout : pendant le repas qu'il partageait avec eux, il prit le pain, dit la bénédiction, le rompit et le donna à ses disciples, en disant :
« **Prenez, et mangez-en tous** : ceci est mon corps livré pour vous. »

De même, il prit la coupe remplie de vin, il rendit grâce, et la donna à ses disciples, en disant :
« **Prenez, et buvez-en tous**, car ceci est la coupe de mon sang, le sang de l'Alliance nouvelle et éternelle, qui sera versé pour vous et pour la multitude en rémission des péchés. Vous ferez cela en mémoire de moi. »

Prière eucharistique n° 4

(1) Il est grand, le mystère de la foi :
— Nous annonçons ta mort,
Seigneur Jésus,
nous proclamons ta résurrection,
nous attendons ta venue dans la gloire.

(2) Acclamons le mystère de la foi :
— Quand nous mangeons ce pain
et buvons à cette coupe,
nous annonçons ta mort,
Seigneur ressuscité,
et nous attendons que tu viennes.

(3) Qu'il soit loué, le mystère de la foi :
— Sauveur du monde, sauve-nous !
Par ta croix et ta résurrection,
tu nous as libérés.
ou :
Proclamons le mystère de la foi :
— Gloire à toi qui étais mort,
gloire à toi qui es vivant,
notre Sauveur et notre Dieu :
viens, Seigneur Jésus !
(Voir p. 248 pour la version latine.)

Voilà pourquoi, Seigneur, nous célébrons aujourd'hui le mémorial de notre rédemption : en rappelant la mort du Christ et sa descente au séjour des morts, en proclamant sa résurrection et son ascension à ta droite, en attendant sa venue dans la gloire, nous t'offrons son corps et son sang, le sacrifice qui est digne de toi et qui sauve le monde entier. Regarde, Seigneur, celui qui s'offre dans le sacrifice que toi-même as préparé pour ton Église, et, dans ta bonté, accorde à tous ceux qui vont partager ce pain et boire à cette coupe d'être rassemblés par l'Esprit Saint en un seul corps, pour qu'ils deviennent eux-mêmes dans le Christ une vivante offrande à la louange de ta gloire.

Et maintenant, Seigneur, rappelle-toi tous ceux pour qui nous offrons le sacrifice : en premier lieu, ton serviteur notre pape N., notre

Prière eucharistique n° 4

évêque N., et l'ensemble des évêques, les prêtres et les diacres, les fidèles qui présentent cette offrande, les membres de notre assemblée, le peuple entier qui t'appartient, et tous ceux qui te cherchent avec droiture.

Souviens-toi aussi de ceux qui sont morts dans la paix du Christ, et de tous les défunts dont toi seul connais la foi.

À nous qui sommes tes enfants, accorde, Père très bon, l'héritage de la vie éternelle auprès de la Vierge Marie, la bienheureuse Mère de Dieu, auprès de saint Joseph, son époux, des Apôtres et de tous les saints, dans ton Royaume. Nous pourrons alors, avec la création tout entière, enfin libérée de la corruption du péché et de la mort, te glorifier par le Christ, notre Seigneur, par qui tu donnes au monde toute grâce et tout bien.

Par lui, avec lui et en lui, à toi, Dieu le Père tout-puissant, dans l'unité du Saint-Esprit, tout honneur et toute gloire, pour les siècles des siècles. – ***Amen.***

Vient ensuite le rite de la communion, page ci-contre.

RITE DE LA COMMUNION

Notre Père

(1) Comme nous l'avons appris du Sauveur, et selon son commandement, nous osons dire :
(2) Unis dans le même Esprit, nous pouvons dire avec confiance la prière que nous avons reçue du Sauveur :

Notre Père qui es aux cieux, que ton nom soit sanctifié,
que ton règne vienne, que ta volonté soit faite sur la terre comme au ciel.
Donne-nous aujourd'hui notre pain de ce jour. Pardonne-nous nos offenses,
comme nous pardonnons aussi à ceux qui nous ont offensés.
Et ne nous laisse pas entrer en tentation, mais délivre-nous du Mal.

(3) Præceptis salutaribus moniti, et divina institutione formati, audemus dicere : Pater noster, qui es in cælis : sanctificetur nomen tuum ; adveniat regnum tuum ; fiat voluntas tua, sicut in cælo, et in terra. Panem nostrum cotidianum da nobis hodie ; et dimitte nobis debita nostra, sicut et nos dimittimus debitoribus nostris ; et ne nos inducas in tentationem ; sed libera nos a malo.

Délivre-nous de tout mal, Seigneur, et donne la paix à notre temps : soutenus par ta miséricorde, nous serons libérés de tout péché, à l'abri de toute épreuve, nous qui attendons que se réalise cette bienheureuse espérance : l'avènement de Jésus Christ, notre Sauveur.
— Car c'est à toi qu'appartiennent le règne,
la puissance et la gloire pour les siècles des siècles !

Échange de la paix

Seigneur Jésus Christ, tu as dit à tes Apôtres : « Je vous laisse la paix, je vous donne ma paix » ; ne regarde pas nos péchés mais la foi de ton Église ; pour que ta volonté s'accomplisse, donne-lui toujours cette paix, et conduis-la vers l'unité parfaite, toi qui vis et règnes pour les siècles des siècles. ***– Amen.***

Que la paix du Seigneur soit toujours avec vous. ***– Et avec votre esprit.***

Dans la charité du Christ, donnez-vous la paix.

Fraction du pain

Que le corps et le sang de notre Seigneur Jésus Christ, réunis dans cette coupe, nourrissent en nous la vie éternelle.

Agneau de Dieu

Agneau de Dieu, qui enlèves les péchés du monde, prends pitié de nous. *(bis)*
Agneau de Dieu, qui enlèves les péchés du monde, donne-nous la paix.

Agnus Dei, qui tollis peccata mundi, miserere nobis. (bis)
Agnus Dei, qui tollis peccata mundi, dona nobis pacem.

Communion

(1) Seigneur Jésus Christ, Fils du Dieu vivant, selon la volonté du Père et avec la puissance du Saint-Esprit, tu as donné, par ta mort, la vie au monde ; que ton corps et ton sang très saints me délivrent de mes péchés et de tout mal ; fais que je demeure fidèle à tes commandements et que jamais je ne sois séparé de toi.

(2) Seigneur Jésus Christ, que cette communion à ton corps et à ton sang n'entraîne pour moi ni jugement ni condamnation ; mais que, par ta bonté, elle soutienne mon esprit et mon corps et me donne la guérison.

Voici l'Agneau de Dieu, voici celui qui enlève les péchés du monde.
Heureux les invités au repas des noces de l'Agneau !

— Seigneur, je ne suis pas digne de te recevoir ;
mais dis seulement une parole, et je serai guéri.

Chant de communion *ou antienne de la communion.*

Prière après la communion *voir à la date du jour.*

RITE DE CONCLUSION

Le Seigneur soit avec vous.

— Et avec votre esprit.

Que Dieu tout-puissant vous bénisse, le Père, et le Fils, ✝ et le Saint-Esprit.

— Amen.

Puis le diacre, ou le prêtre lui-même, les mains jointes, tourné vers l'assemblée, dit :

(1) Allez, dans la paix du Christ.
(2) Allez porter l'Évangile du Seigneur.
(3) Allez en paix, glorifiez le Seigneur par votre vie.
(4) Allez en paix.

— Nous rendons grâce à Dieu.

Chants pour la célébration

Les chants en rouge sont consultables à la page indiquée. **Les chants en noir** sont référencés avec leur cote SECL

	Ouverture	Renvoi	Communion / Action de grâce	Renvoi
3 déc.	Ô viens, Jésus, ô viens, Emmanuel	p. 265	Peuples qui marchez	E127
	Vienne, Seigneur, vienne ton jour !	E 240	Vienne la rosée	p. 270
10 déc.	Préparez, à travers le désert	p. 265	Approchons-nous de la table	D 19-30
	Réveille, Seigneur, ta puissance	Bayard	Peuples qui marchez	p. 270
17 déc.	Aux jours de la promesse	X28-45	Voici le corps et le sang du Seigneur	p. 271
	Aube nouvelle	p. 266	Notre âme attend le Seigneur	DEV569
24 déc.	Venez, divin Messie	p. 266	La première en chemin, Marie	V565
	Toi qui ravis le cœur de Dieu	VP136-2	Nourris du même pain	p. 272
25 déc. nuit	Il est né le divin enfant	p. 267	Douce nuit	p. 272
	Peuple fidèle (Adeste fideles)	p. 267	Dieu venu dans notre histoire	EDIT 1
25 déc. jour	Le Verbe s'est fait chair	p. 268	Verbum caro factum est	F64-88
	Les anges dans nos campagnes	F 9	Tout le ciel s'emplit	p. 273
31 déc.	Peuples, criez de joie	p. 271	Qui donc a mis la table ?	p. 273
	À pleine voix chantons pour Dieu	FP180-2SM	Terre de Noël	FD36-C

Suggestions pour décembre 2023 proposées par Thibault Van Den Driessche, avec ChantonsenÉgli

BEL AVENT !
PrionsenEglise

UNE PAROLE À PARTAGER

« En ce temps de l'Avent,
demandons au Seigneur de nous aider
à garder la lampe de la foi allumée dans nos vies
et à nous préparer à recevoir sa visite,
qui nous remplit de paix et de joie. »

Pape François, Tweet du 26 novembre 2022

Pour .... De la part de ....

Ô viens, Jésus, ô viens, Emmanuel *(Ouverture)*

E147 ; T. : CFC ; M. : Anonyme (DMV 370) ; Fleurus.

Refrain : **Chantez ! Chantez !**
Il vient à notre appel combler nos cœurs, Emmanuel !

① **Ô viens, Jésus, ô viens Emmanuel,**
nous dévoiler le monde fraternel
où ton amour, plus fort que la mort,
nous régénère au sein d'un même corps.

② **Viens, Berger que Dieu nous a promis,**
entends au loin ton peuple qui gémit,
dans la violence il vit son exil,
de ses souffrances, quand reviendra-t-il ?

③ **Ô viens, Jésus, et dans la chair blessée**
fleuris pour nous, racine de Jessé :
près de l'eau vive, l'arbre planté
soulève jusqu'à Dieu le monde entier.

④ **Ô viens, Jésus, tracer notre chemin**
visite-nous, étoile du matin ;
au fond de nos regards, fais monter
l'éclat soudain du jour d'éternité.

Préparez, à travers le désert *(Ouverture)*

T. : d'après Isaïe 40, 1-11 ; M. : C. Boet ; Éd. de l'Emmanuel.

Refrain : **Préparez, à travers le désert, les chemins du Seigneur.**
Écoutez, veillez, ouvrez vos cœurs, car il vient, le Sauveur.

① **Tracez, dans les terres arides, une route aplanie pour mon Dieu.**
Les ravins seront relevés, tous les monts et les collines abaissés.

② **Portez à mon peuple la joie, consolez, consolez mes enfants,**
proclamez le salut de Dieu, le rachat et le pardon des péchés.

③ **Voici, le Seigneur vient à nous, et sa gloire en ce monde paraît.**
Sa parole nous est donnée pour nos pas, elle est lumière à jamais.

Aube nouvelle *(Ouverture)*

E130; T. : M. Scouarnec; M. : J. Akepsimas; Studio SM.

① **Aube nouvelle dans notre nuit : pour sauver son peuple, Dieu va venir.**
Joie pour les pauvres, fête aujourd'hui : il faut préparer la route au Seigneur. *(bis)*

② **Bonne Nouvelle, cris et chansons : pour sauver son peuple, Dieu va venir.**
Voix qui s'élève dans nos déserts : il faut préparer la route au Seigneur. *(bis)*

③ **Terre nouvelle, monde nouveau : pour sauver son peuple, Dieu va venir.**
Paix sur la terre, ciel parmi nous : il faut préparer la route au Seigneur. *(bis)*

Venez, divin Messie *(Ouverture)*

E9; T. : L. Barjon, A.-M. Roguet; M. : D. Rimaud, C. Rozier; Éd. Musique et liturgie.

Refrain : **Venez, divin Messie, nous rendre espoir et nous sauver !**
Vous êtes notre vie : venez, venez, venez !

① **Ô Fils de Dieu, ne tardez pas ;**
par votre corps donnez la joie
à notre monde en désarroi.
Redites-nous encore
de quel amour vous nous aimez ;
tant d'hommes vous ignorent !
Venez, venez, venez !

② **À Bethléem, les cieux chantaient**
que le meilleur de vos bienfaits
c'était le don de votre paix.
Le monde la dédaigne :
partout les cœurs sont divisés !
Qu'arrive votre règne !
Venez, venez, venez !

Il est né le divin enfant (Noël)

F56 ; Traditionnel ; Éd. Musique et liturgie.

Refrain : **Il est né le divin enfant,**
jour de fête aujourd'hui sur terre ;
il est né le divin enfant,
chantons tous son avènement.

① **Le Sauveur que le monde attend**
pour tout homme est la vraie lumière,
le Sauveur que le monde attend
est clarté pour tous les vivants.

② **De la crèche au crucifiement,**
Dieu nous livre un profond mystère,
de la crèche au crucifiement,
il nous aime inlassablement.

③ **Qu'il revienne à la fin des temps**
nous conduire à la joie du Père,
qu'il revienne à la fin des temps
et qu'il règne éternellement !

Peuple fidèle (Adeste fideles) (Noël)

F5 ; T. : C. Rozier ; M. : J.-F. Wade ; Musique et Liturgie (vers 1740).

① **Peuple fidèle,**
le Seigneur t'appelle :
c'est fête sur terre,
le Christ est né.
Viens à la crèche
voir le Roi du monde.

② **Verbe, lumière,**
et splendeur du Père,
il naît d'une mère,
petit enfant,
Dieu véritable,
le Seigneur fait homme.

Refrain : **En lui viens reconnaître, en lui viens reconnaître,**
en lui viens reconnaître, ton Dieu, ton Sauveur.

Le Verbe s'est fait chair (Ouverture)

F67-26 ; T. et M. : Cté de l'Emmanuel (A. Dumont) ; L'Emmanuel.

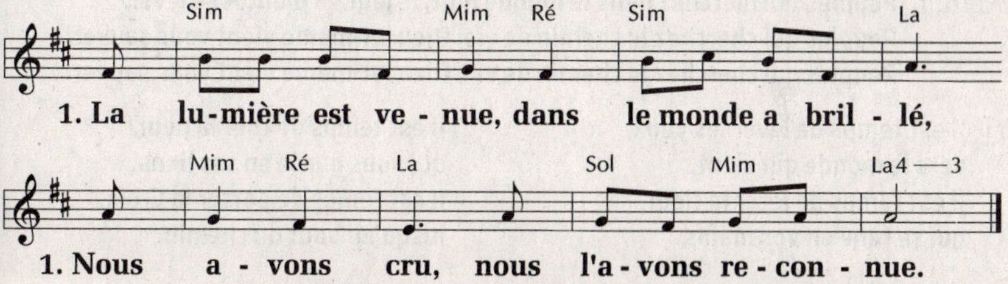

② Voici votre Sauveur, voici votre Seigneur :
Le Fils de Dieu venu vous libérer.
Consacré par l'Esprit, il est votre Messie,
celui que Dieu le Père avait promis !

③ Les aveugles verront et les sourds entendront.
Ouvrez vos cœurs, voici le Rédempteur !
Les muets parleront, les boiteux marcheront,
venez à lui, vivez de son Esprit.

④ Il est le pain vivant, la source de l'Esprit,
Dieu parmi nous pour nous donner sa vie.
Il est l'Agneau de Dieu qui porte nos péchés.
Qui croit en lui vivra à tout jamais.

Peuples qui marchez *(Action de grâce)*

E127 ; T. : M. Scouarnec ; M. : J. Akepsimas ; Studio SM.

Refrain : **Peuples qui marchez dans la longue nuit, le jour va bientôt se lever.
Peuples qui cherchez le chemin de vie, Dieu lui-même vient vous sauver.
Peuples qui cherchez le chemin de vie, Dieu lui-même vient vous sauver.**

① **Il est temps de lever les yeux,
vers le monde qui vient.
Il est temps de jeter la fleur,
qui se fane en vos mains.**

② **Il est temps de tuer la peur,
qui vous garde en ses liens.
Il est temps de porter la Croix,
jusqu'au bout du chemin.**

Vienne la rosée *(Action de grâce)*

EP103 ; T. : O. de la Brosse, O. Périn ; M. : Populaire ; Sodec.

① **Vienne la rosée sur la terre, naisse l'espérance en nos cœurs ;
brille dans la nuit la lumière, bientôt va germer le Sauveur.
Au désert un cri s'élève : « Préparez les voies du Seigneur. »**

② **Berger d'Israël, tends l'oreille, descends vite à notre secours,
et nos yeux verront tes merveilles, nos voix chanteront ton amour.
Fille de Sion, tressaille, le Seigneur déjà vient vers toi.**

③ **Réveille, ô Seigneur, ta vaillance, établis ton règne de paix,
que les peuples voient ta puissance, acclament ton nom à jamais.
L'univers attend ta gloire, et nous préparons ton retour.**

Peuples, criez de joie *(Ouverture)*

MY27-3 ; T. : CNPL/D. Rimaud ; M. : Stralsund Gesangbuch ; Studio SM.

① **Peuples, criez de joie et bondissez d'allégresse :**
le Père envoie son Fils manifester sa tendresse ;
ouvrons les yeux : il est l'image de Dieu
pour que chacun le connaisse.

② **Loué soit notre Dieu, source et Parole fécondes :**
ses mains ont tout créé pour que nos cœurs lui répondent ;
par Jésus Christ, il donne l'être et la vie :
en nous sa vie surabonde.

Voici le corps et le sang du Seigneur *(Communion)*

D44-80 ; T. et M. : M. Dannaud ; Éd. de l'Emmanuel.

Refrain : **Voici le corps et le sang du Seigneur, la coupe du salut et le pain de la vie.**
Dieu immortel se donne en nourriture, pour que nous ayons la vie éternelle.

① **Au moment de passer vers le Père,le Seigneur prit du pain et du vin,**
pour que soit accompli le mystère qui apaise à jamais notre faim.

② **Dieu se livre lui-même en partage, par amour pour son peuple affamé.**
Il nous comble de son héritage, afin que nous soyons rassasiés.

③ **C'est la foi qui nous fait reconnaître, dans ce pain et ce vin consacrés,**
la présence de Dieu notre Maître, le Seigneur Jésus ressuscité.

CHANTS

Nourris du même pain (Communion)

D81 ; T. : D. Rimaud ; M. : L. Deiss ; Éditions du Seuil.

① Notre Dieu a façonné notre poussière, de ses mains paternelles ;
et son sang nous a vêtus de la lumière pour la Pâque éternelle.

② Notre Dieu nous a nommés dans sa tendresse, modelant son image ;
et son sang nous a rendu toute jeunesse pour les âges des âges.

③ Notre Dieu nous a remplis de son haleine, pour qu'éclate sa gloire ;
et son sang a fait lever sur toute peine un esprit de victoire.

④ Notre Dieu nous a donné toute la terre, pour la rendre plus belle ;
et son sang a fait fleurir sur le Calvaire une vigne nouvelle.

Douce nuit (Nuit de Noël)

F13 ; T. : R. P. Barjon/ J. Mohr ; M. : F. X. Gruber ; Musique et Liturgie.

① Douce nuit, sainte nuit !
Dans les cieux l'astre luit.
Le mystère annoncé s'accomplit.
Cet enfant, sur la paille endormi,
c'est l'amour infini !
C'est l'amour infini !

② C'est vers nous, qu'il accourt
en un don sans retour !
De ce monde ignorant de l'amour
où commence aujourd'hui son séjour,
qu'il soit Roi pour toujours !
qu'il soit Roi pour toujours !

③ Paix à tous ! Gloire au ciel !
Gloire au sein maternel
qui, pour nous en ce jour de Noël,
enfanta le Sauveur éternel
qu'attendait Israël !
Qu'attendait Israël !

Tout le ciel s'emplit *(Noël et temps de Noël)*

F58 ; T. : C. Rozier ; M. : traditionnel ; Harm. : P. Robert ; Éd. Chalet.

① Tout le ciel s'emplit d'une joie nouvelle ;
on entend la nuit dire la merveille,
fête sans pareille : le Sauveur est né,
l'Enfant Dieu nous est donné.

② Le Seigneur paraît, Verbe de lumière ;
l'univers connaît la bonté du Père.
Dieu sur notre terre vient tracer la voie
où chemineront nos pas.

③ Avec les bergers, avec tous les sages,
c'est le monde entier qui vers lui s'engage.
Pour voir le visage de l'amour vivant
qui pour nous s'est fait enfant.

④ Gloire à Jésus Christ, gloire au Fils du Père !
Gloire à son Esprit dont l'amour éclaire
l'éclatant mystère qui remplit le ciel :
gloire à l'Homme-Dieu ! Noël !

Qui donc a mis la table ? *(Communion)*

B121 ; T. et M. : C. Duchesneau ; Fleurus.

① Qui donc a mis la table où nous attend le pain ?
Qui donc emplit la coupe où nous boirons le vin ?
Quel est celui qui nous a conviés ?
Quel est celui qui peut nous combler ? Allons vers le festin. Il nous dira son nom.
Allons vers le festin qu'il donne en sa maison.

② C'est toi, Jésus, qui nous conduis vers ce repas.
Et rien ne peut manquer à qui suivra tes pas.
Pour nous, ta vie prend le goût du pain. Pour nous, ta vie coule comme un vin.
Tu viens nous inviter : tu nous l'avais promis.
Ta joie revient brûler le cœur de tes amis.

LES RENDEZ-VOUS DE DÉCEMBRE 2023

SOMMAIRE

ÉDITORIAL

Lumières de Noël

Y aura-t-il de la neige à Noël ? A priori, oui, dans plusieurs points du globe. Ce dont nous sommes sûrs c'est que, sur toute la terre, la lumière brillera dans les ténèbres sans que celles-ci puissent l'arrêter.
À Noël, nous aimons tisser la métaphore du solstice d'hiver dans notre hémisphère où « l'étoile du matin », comme nous le rappelle Jacques Nieuviarts, arrive chez nous à point nommé. « Elle n'est pas pour nos sapins, précise le bibliste, mais pour nos vies. »
Ce que confirment les paroissiens de la cathédrale de Toulouse lorsque, chaque année, ils organisent Hiver solidaire. En France, une quarantaine de paroisses relèvent le défi d'accueillir, modestement et sans faire de bruit, ceux et celles qui sont dans la rue pendant l'hiver. Victoire de la charité sur le froid hivernal.
Et pour l'autre moitié de la Terre qui célèbre Noël au moment où le soleil commence à décroître ? Eh bien, qu'à cela ne tienne : la lumière du sourire l'emporte sur la tristesse et l'éclat du partage sur la pauvreté, ainsi qu'en témoigne Caroline Denolly, volontaire à Madagascar.
Joyeux Noël, chers lecteurs. ■

Karem Bustica
Rédactrice en chef de Prions en Église

« La lumière du sourire l'emporte sur la tristesse et l'éclat du partage sur la pauvreté. »

CHEMIN D'ÉTOILES

Jacques Nieuviarts, prêtre assomptionniste

Guettant l'étoile du matin

Le langage poétique mentionne souvent le ciel nocturne constellé. Plus spécifiquement, les Écritures font référence à l'astre annonciateur de l'aurore.

Saint-Exupéry parle ainsi dans *Le Petit Prince* : « J'aime la nuit écouter les étoiles. » Et dit aussi cette chose étrange : « Si tu aimes une fleur qui se trouve dans une étoile, c'est doux, la nuit, de regarder le ciel. Toutes les étoiles sont fleuries. » Ces paroles flottent doucement dans ma mémoire car j'aime aussi m'attarder la nuit pour contempler le ciel, tentant de reconnaître Cassiopée, la Grande Ourse et la Petite, Orion ou l'étoile du Berger. J'aime les étoiles et les constellations dans lesquelles, à des millions de kilomètres, elles semblent dialoguer entre elles et dessiner ensemble l'espace d'un mystère qui nous parle et nous saisit. J'aime aussi, le soir, ouvrir le grand livre de la Bible où des hommes et des femmes, comme nous, les contemplaient aussi, même si leur histoire ne fut pas faite que de cieux étoilés. Plus d'une fois, ils furent rouge sang, parfois noirs, comme l'est aujourd'hui encore l'histoire. Mais le mot du poète me revient aussi : « Le ciel participe de la beauté de notre existence [...]. Avez-vous observé qu'un morceau de ciel aperçu par un soupirail, ou entre deux cheminées, deux rochers, ou par une arcade, donnait une idée plus profonde de l'infini que le grand panorama vu du haut d'une montagne ? » (Jean-Michel Maulpoix, *La Croix* du 25/08/2023).

Je suis de ces guetteurs de ciel scrutant, particulièrement à l'approche de Noël, les premiers signes d'aurore. « Ainsi se confirme pour nous la parole prophétique, dit l'apôtre Pierre; vous faites bien de fixer votre attention sur elle, comme sur une lampe brillant dans un lieu obscur jusqu'à ce que paraisse le jour et que l'étoile du matin se lève dans vos cœurs » (2 P 1, 19). Le livre de l'Apocalypse désigne sans équivoque cet astre : « Moi, Jésus [...], je suis le rejeton, le descendant de David, l'étoile resplendissante du matin » (Ap 22, 16) et le magnifique cantique de Zacharie l'évoque en termes proches (Lc 1, 78). Voilà l'astre vers lequel nous tendons et que guettent les mages. Mais l'Apocalypse ajoute ceci : « Le vainqueur, celui qui reste fidèle jusqu'à la fin à ma façon d'agir, je lui donnerai [...] l'étoile du matin » (Ap 2, 26. 28). Promesse immense.

« Moi, Jésus [...], je suis le rejeton, le descendant de David, l'étoile resplendissante du matin. »
(Ap 22, 16)

Nous sommes comme les veilleurs dans la nuit. Guettons activement l'étoile du matin. Elle n'est pas pour nos sapins, mais pour nos vies. ■

LES SECONDS RÔLES DANS LA BIBLE

Anne Lécu, dominicaine

L'autre Judas

Souvent rebaptisé « Jude », l'apôtre Judas se révèle particulièrement discret, flirtant avec l'anonymat. Pourtant, c'est lui qui demande à Jésus : « Seigneur, que se passe-t-il ? » À question importante, réponse essentielle.

Parmi les douze Apôtres, on trouve ceux dont on parle beaucoup et ceux dont on ne parle quasiment pas. C'est le cas de l'autre Judas, le fils de Jacques, appelé « Jude » dans certaines de nos traductions afin de le distinguer de l'Iscariote. Il n'est fait mention de lui qu'à trois reprises : dans la liste des apôtres de l'évangile de Luc et des Actes des Apôtres (Lc 6, 16 ; Ac 1, 13) et dans l'évangile de Jean, où il prend la parole pour la première et la dernière fois (Jn 14, 22). On aimerait en savoir plus sur cet homme discret, qui fait partie des Douze mais que l'on n'entend pas. Il porte le nom du quatrième fils de Jacob et Léa, la sœur de Rachel, nom d'après lequel sera nommé le royaume de Juda d'où naîtra David. Nous n'en savons pas plus. Il y a donc parmi les Apôtres de Jésus des quasi-inconnus, et c'est une grande et bonne nouvelle pour tous ceux qui vivent à l'ombre du Seigneur dans la discrétion et l'anonymat : des Apôtres en ont fait autant.

Notre Judas prend donc un jour la parole. Jésus, dans l'évangile de Jean, offre aux siens, à l'heure de sa mort, un très grand discours, qu'il est toujours bon de lire et de relire tant il est inépuisable, et annonce : « Encore un peu de temps, et le monde ne me verra plus. Mais vous, vous verrez que je vis et vous aussi vous vivrez. [...] Celui qui reçoit mes commandements et les garde, c'est celui-là qui m'aime; et celui qui m'aime sera aimé de mon Père; moi aussi, je l'aimerai, et je me manifesterai à lui » (cf. Jn 14, 19-21). Personne n'y comprend rien, et c'est Judas qui •••

Première Alliance

« Seigneur, au secours ! il n'y a plus de fidèle ! »

Psaume 11, 2

... ose poser la question : « Seigneur, que se passe-t-il, que tu doives te manifester à nous et non pas au monde ? » (cf. Jn 14, 22). Question essentielle de toute prière authentique : « Seigneur, que se passe-t-il ? » Combien de fois ne comprenons-nous rien aux événements du monde, ou à ceux de notre vie ? Pour l'homme ou la femme des Écritures, il n'est pas question de subir sans comprendre. Que se passe-t-il, Seigneur ?

Jésus fait à Judas et aux Douze cette réponse essentielle : « Si quelqu'un m'aime, il gardera ma parole ; mon Père l'aimera, nous viendrons vers lui et, chez lui, nous nous ferons une demeure » (Jn 14, 23). Il faudrait entendre cela en écho avec cette autre parole johannique : « Si nous nous aimons les uns les autres, Dieu demeure en nous, et, en nous, son amour atteint la perfection » (1 Jn 4, 12). Il n'y a finalement pas d'autre réponse à cette question grave « Que se passe-t-il ? » que la manière d'être en relation avec ceux qui nous entourent. Là se tient la demeure de Dieu. Rien de moins que sa présence parmi nous et en nous. ■

Nouvelle Alliance

« Seigneur, que se passe-t-il ? Est-ce à nous que tu vas te manifester, et non pas au monde ? »

Jean 14, 22

TRÉSORS DE LA LITURGIE

Emmanuelle Billoteau, ermite

Le temps de Noël 1/2

Le temps de Noël commence avec les premières vêpres de la Nativité, le 24 décembre au soir, et s'achève avec la célébration du Baptême du Seigneur. Un temps qui nous retiendra dans cette présente chronique et dans celle du mois de janvier.

La liturgie est le lieu où notre foi s'exprime et se nourrit. Si elle nous aide à prendre des distances par rapport aux effets de mode en matière liturgique et aux aléas de nos ressentis, elle n'en est pas moins en dialogue avec nos contextes de vie. Ainsi les célébrations de la Nativité et de l'Épiphanie du Seigneur, à partir desquelles s'est développé le temps liturgique de Noël, ont-elles été une réponse à la situation des chrétiens du IVe siècle. Avant cette date, l'Église fêtait la Pâque annuelle et la Pâque hebdomadaire (le dimanche).

La venue du Christ en notre chair (Nativité) et sa manifestation (Épiphanie) ont ainsi fait l'objet de deux fêtes spécifiques pour contrer les célébrations païennes du solstice d'hiver – fête du Soleil invaincu –, et pour exprimer et diffuser la foi de…

… Nicée face à l'hérésie arienne. Cette dernière niait la divinité du Christ, ne voyant en lui qu'un homme, ce qui amena les pères du concile de Nicée (325) à élaborer un Credo qui confessait la foi en Jésus, vrai Dieu et vrai homme. D'où l'importance de la thématique de la lumière et l'insistance sur la divinité et l'humanité du Christ, tant dans le choix des lectures que dans les prières liturgiques.

Nous nous intéresserons ici à la Nativité, suffisamment riche pour soutenir notre méditation et notre réflexion. La thématique de la lumière apparaît dans la première prière de la messe de la nuit – « Seigneur Dieu, tu as fait resplendir cette nuit très sainte des clartés de la vraie lumière » –, puis dans la lecture du livre d'Isaïe – « Le peuple qui marchait dans les ténèbres a vu se lever une grande lumière » (Is 9, 1) –, sans oublier l'Évangile selon saint Luc mentionnant la lumière qui enveloppa les bergers lors de l'annonce de la naissance du Sauveur (cf. Lc 2, 9). La préface parle d'une lumière nouvelle éclairant la révélation de la gloire de Dieu. Enfin, la bénédiction solennelle mentionne Dieu qui, « dans son infinie bonté […], a dissipé les ténèbres du monde par l'incarnation de son Fils, [lequel], par sa nativité glorieuse […], a fait resplendir cette nuit très sainte ». Dans la messe du jour, l'acclamation de l'évangile nous rappelle que « la lumière a brillé sur la terre », introduisant le prologue de Jean où il est affirmé que, dans le Verbe, était « la lumière des hommes », que cette « lumière brille dans les ténèbres, et les ténèbres ne l'ont pas arrêtée ». Et de poursuivre : « Le Verbe était la vraie Lumière, qui éclaire tout homme » (Jn 1, 4.5.9). Ce thème de la lumière se retrouve dans le cantique de Zacharie (Lc 1, 67-79) chanté aux laudes tout au long de l'année liturgique pour nous rappeler que le Christ est bien « l'astre d'en haut, [venu] illuminer ceux qui habitent les ténèbres ».

Quant à l'insistance sur l'unité entre l'humanité et la divinité dans l'unique personne du Christ, elle est présente, lors de la messe de la nuit, dans la prière sur les offrandes : « Reçois favorablement, Seigneur, l'offrande présentée en cette nuit de fête, afin que, par ce mystérieux échange, nous soyons configurés à ton Fils en qui notre nature est unie à la tienne. » Elle l'est aussi dans la préface et dans l'antienne de communion évoquant le Verbe fait chair. Dans la messe du jour de Noël, la première prière nous fait demander à Dieu « d'être unis à la divinité de [s]on Fils qui a voulu prendre notre humanité ». Le prologue de Jean insiste sur l'Incarnation du Verbe qui, « au commencement, était auprès de Dieu, [...] était Dieu ».

Tant dans le choix des lectures que dans les prières liturgiques, la thématique de la lumière est importante.

La liturgie nous aide donc à intérioriser ces données de notre foi pour les expérimenter concrètement dans notre vie de tous les jours. Par là, il s'agit, comme nous y encourage saint Léon le Grand, de « prendre conscience de notre dignité », nous qui participons maintenant « à la nature divine » et avons « été arrachés au pouvoir des ténèbres pour être transférés dans la lumière et le royaume de Dieu ». ■

LE ROSAIRE, UN CHAPELET DE QUESTIONS

François-Dominique Forquin, prêtre dominicain
et aumônier national des Équipes du Rosaire

Le Rosaire : simple comme « bonjour » ?

Pourquoi réciter la prière du Rosaire ? Parce que, répond François-Dominique Forquin, c'est une question de salut… qui nous est parvenu par un simple « salut ».

Connaissant mon ministère auprès des *Équipes du Rosaire* et voulant me provoquer un peu, une dame me demanda un jour : « Au regard de la situation de l'Église dans notre pays, est-ce vraiment si important de s'intéresser à la prière du Rosaire ? » Ce à quoi je m'empressai de lui répondre avec humour : « Il n'est rien de plus urgent que de s'intéresser au Rosaire, puisque c'est une question de salut ! » Celui que l'ange adressa à Marie (Lc 1, 28) au jour de l'Annonciation, bien sûr !

Tous les « Ave » de nos chapelets égrainés ne sont-ils pas l'écho de cette salutation initiale, à travers laquelle le salut, par Marie, nous a été donné ? Au fond, le Rosaire est avant tout ceci : le rappel que le salut, en Jésus, nous est parvenu par un simple « salut ». Le premier message de l'ange à Marie consiste, en effet, à lui dire « Ave », c'est-à-dire « bonjour ». Dans le grec de l'évangile, le petit mot, « kaïré », que l'ange emploie pour saluer Marie fait partie du vocabulaire révérencieux que le « Je vous salue » en français exprime assez bien avec sa nuance de respect. Il peut tout aussi bien se traduire par nos beaux « Réjouis-toi » lancés à la volée car saluer, c'est toujours réjouir l'autre en lui manifestant qu'il existe pour celui qui le salue.

Avez-vous déjà mesuré combien un simple « salut » peut sauver ? Saluer, c'est toujours faire exister.

Avez-vous déjà mesuré combien un simple « salut » peut sauver ? Une personne isolée que nul ne vient visiter ; un pauvre ignoré, que beaucoup n'osent plus même regarder. Saluer, c'est toujours faire exister. Ne jamais se lasser de saluer l'autre, chaque jour ou chaque matin, c'est lui rappeler sans cesse qu'il existe pour quelqu'un. C'est saluer sa présence et se mettre en sa présence. Dans la prière du Rosaire, tous nos « Ave » si souvent répétés, c'est bien sûr à Marie qu'ils sont adressés, mais savons-nous aussi les entendre comme si, à travers elle, Dieu venait nous saluer, nous aussi, et nous faire exister ? Y a-t-il chose plus urgente que de nous savoir tant aimés ? Dès lors, nous sommes sauvés. Que l'on égraine des « Je vous salue » ou des « Réjouis-toi », l'essentiel, dans tous ces « Ave » est toujours de se rappeler qu'avec Marie, le salut est simple comme bonjour ! À bon entendeur, salut ! ■

TÉMOIGNAGE DE LECTEUR

Propos recueillis par **Frédéric Pascal**, journaliste

De la prière intérieure à l'échange avec d'autres

Jean-Michel Moibert, 69 ans, habite à La Bresse, dans les Vosges. Ce professeur des écoles à la retraite aime fréquenter la parole de Dieu dans *Prions en Église*.

« Je ne suis pas un grand priant. Je dirais même que je ne sais pas prier. Heureusement, *Prions en Église* m'y aide quand je me recueille un instant, le matin, avant même le petit-déjeuner. Oh ! ça ne dure pas trente minutes, mais ce point de départ de ma journée est comme un éclairage. Il varie en intensité, en fonction des lectures, des méditations, de l'actualité… C'est une prière intérieure. Je lis les textes du jour et les commentaires publiés dans le mensuel. J'apprécie particulièrement les éclairages de Roselyne Dupont-Roc et de Marie-Laure Durand. Je possède un exemplaire du Nouveau Testament en grec et je m'y reporte en fonction des remarques de Madame Dupont-Roc, qui revient en permanence au texte original. Elle apporte un nouveau regard sur des textes que je connais mal ou, au contraire, que j'ai trop entendus. Quant aux méditations bibliques de Marie-Laure Durand, je

© Sandrine Martin

les découpe parfois pour les conserver. Ce qu'elle écrit résonne avec ma vie de tous les jours. Je croise les commentaires lus dans *Prions en Église* avec d'autres, notamment ceux d'André Sève, dans son livre *L'évangile du jour.*

Tous ces commentaires me servent pour ma culture biblique personnelle, mais aussi dans le cadre de discussions. En effet, nous avons ici des Témoins de Jéhovah très actifs. Quand ils sonnent à ma porte, je tiens à les recevoir et à échanger avec eux. Je ne cherche pas à les convaincre, mais j'essaie d'apporter des arguments dont ils sont malheureusement dépourvus. De ces échanges, je ressors avec le sentiment d'avoir eu une discussion riche et intéressante.

Je le disais : je ne crois pas être un grand priant… Mais depuis les nombreuses années que je suis abonné à *Prions en Église,* la revue nourrit ma vie spirituelle et musicale, ma culture biblique, ma prière. » ■

QUESTION DU MOIS

Pourquoi y a-t-il quatre messes à Noël ?

La célébration de la Nativité du Seigneur commence par les vêpres du 24 décembre. Le *Missel romain* propose une « messe de la veille au soir », le 24 décembre donc, « soit avant, soit après les premières vêpres de la Nativité ». Et la *Présentation générale du Lectionnaire romain* (§ 95) poursuit : « La solennité de Noël comporte, outre la messe de la veille au soir, les trois messes traditionnelles (nuit, aurore, jour). » Le *Missel* précise : « Le jour de la Nativité du Seigneur, tout prêtre peut célébrer ou concélébrer trois messes, pourvu que ce soit au moment marqué pour chacune d'elles. » Cette tradition remonte au pape saint Grégoire le Grand, au début du VIIe siècle, et provient du culte des divers sanctuaires de Rome. Maintenue aujourd'hui, elle est peu connue, sans doute en raison de l'anticipation de la messe de la nuit. On peut le regretter car chaque messe, devant être célébrée « à l'heure voulue » *(Présentation générale du Missel romain* § 204c), offre un éclairage particulier du mystère de Noël : la messe de la veille présente la généalogie de Jésus et l'annonce à Joseph. La messe de la nuit est marquée par l'évangile de la naissance du Seigneur. La messe de l'aurore poursuit l'annonce de cette Bonne Nouvelle, qui culmine, à la messe du jour, avec le Prologue de Jean proclamant l'incarnation du Verbe. ■ **Michèle Clavier,** *théologienne*

Pèlerinage grands-parents et petits-enfants en Ombrie

Assise en famille !

Au printemps prochain, découvrons saint François d'Assise. Au programme : une chasse au trésor dans les rues d'Assise, la découverte des sites franciscains, la visite de la grotte qui abrita la première crèche vivante il y a tout juste 800 ans, et bien plus encore ! Un pèlerinage spécialement conçu pour les grands-parents venant avec un ou plusieurs petits-enfant (7-12 ans). ■

Sébastien Antoni, *prêtre assomptionniste*

Vue sur la ville médiévale d'Assise.

© AdobeStock

Caroline Denolly, volontaire de la DCC et professeur de français à Madagascar

« Dans les sourires, ma mission prend sens »

« Durant ma mission à Madagascar, j'ai croisé la route de personnes formidables qui, guidées par leur espérance et leur foi profonde, consacrent leur vie à aider ceux qui en ont besoin.

Sœur Agnès, de la communauté des Petites Sœurs de l'Évangile, fait de la broderie avec les détenus de la prison d'Antsirabe depuis trente ans : 90 % sont des hommes qui confectionnent des travaux magnifiques. Ils sont ensuite vendus, ce qui leur assure un petit pécule à leur sortie. Une belle façon d'accompagner chacun dans sa reconstruction ! Raymond Arbona et Maxime Blanc, de l'association Scolarisation Madagascar, ont créé l'école Fifaliana (« joie » en malgache) qui accueille gratuitement les enfants des quartiers les plus pauvres. C'est ici que j'interviens pour soutenir les maîtresses dans leur travail pédagogique. À travers ces rencontres et le sourire constant de ces enfants, ma mission prend tout son sens. J'ai monté une cagnotte pour cette école afin de couvrir les frais des soins médicaux de certains d'entre eux, leur offrir des vêtements ou une sortie, etc. Ici c'est l'humain qui prime sur tout. On cherche la richesse des moments ensemble. On apprend bien plus de l'autre que ce que l'on donne ! » ■

Caroline avec les écoliers et enfants de l'école Fifaliana, Antsirabe (Madagascar).

Anne-Quitterie Jozeau, journaliste

Un Hiver solidaire à Toulouse

À Toulouse (Haute-Garonne), durant l'hiver, une initiative paroissiale permet d'offrir un toit à des personnes sans abri. Chaque soir, des paroissiens se relaient pour dîner, dormir ou petit-déjeuner avec les personnes accueillies. C'est l'opération Hiver solidaire.

Un dîner, une nuit, un petit-déjeuner. À Toulouse (Haute-Garonne), cela fait trois ans que cette formule simple est proposée à des personnes de la rue par Hiver solidaire. Cette initiative a été lancée en 2018 dans plusieurs paroisses en France, comme ici, à la cathédrale de Toulouse. Du 21 décembre au 21 mars, quatre hommes peuvent ainsi être logés et nourris tous les soirs dans un logement mis à disposition pour l'occasion par la Société de Saint-Vincent de Paul. Dans ce petit appartement, face à l'église Saint-Aubin, des bénévoles se relaient pour partager un moment de convivialité avec des personnes qui, autrement, vivraient dans la rue. En 2023, Alexandre, Pierre, Pascal et Chris ont pu ainsi déposer leurs affaires dans ce lieu sûr, bénéficier d'un bon repas mais aussi de… jeux de société ! Le but : permettre la rencontre et les échanges entre ces hommes et les bénévoles. Chaque hiver, ce sont une centaine de paroissiens qui se mettent au service de ce projet, aussi bien des jeunes professionnels que des scouts et guides, des cadres que des retraités. Et des enfants ! Ainsi, Alix et Antoine Delahaye, un couple de paroissiens quadragénaires, viennent dîner régulièrement, le week-end, avec leurs quatre enfants. « La spontanéité et les questions sans filtre des enfants apportent beaucoup de simplicité, raconte Alix. Cela permet de casser la glace ! », s'amuse la mère de famille. Et, le dîner fini, Antoine reste parfois dormir sur place.

Aurore et la famille Delahaye jouent aux cartes avec Chris et Pascal.

Partie de *kaplas* après le dîner.

Car se retrouver régulièrement renforce les liens et la proximité. « Pour les personnes accueillies, c'est reposant pour l'esprit d'avoir un lieu où décharger leurs fardeaux, confie Augustin Sebaux, le responsable du projet pour la paroisse de la cathédrale. C'est également un moment propice pour régler avec elles des tracasseries administratives. » Les discussions peuvent aussi mener à des sujets personnels ou à des questions de foi. Si la plupart des bénévoles sont paroissiens de la cathédrale de Toulouse, l'initiative paroissiale ...

… accueille sans tenir compte de la religion. « Nous proposons simplement à nos hôtes le bénédicité et les grâces, à chaque repas, et nous les invitons à venir à la “messe des curieux” le dimanche, indique Augustin. Généralement, ils viennent tous au moins une fois. »

Pour le jeune homme, Hiver solidaire est le moyen de « planter une graine », aussi bien auprès de ces hommes accueillis que de ses propres collègues, qu'il lui est arrivé d'inviter à participer le temps d'une soirée. Augustin évoque une « dilatation du cœur » qui s'opère auprès de ces personnes sans abri. « Il y a une simplicité, une joie et une bienveillance dans nos échanges, confie-t-il. Cela m'apporte beaucoup. » Au départ hésitant à l'idée de consacrer du temps à des personnes de la rue, le trentenaire a pris conscience que chacun passait un bon moment, tout en simplicité et en rires. « Il n'y a pas d'objectif fixé, juste de leur offrir un cadre de vie où règnent la confiance, l'amitié et l'amour de Dieu. » ■

Hiver solidaire

Hiver solidaire, c'est une quarantaine de paroisses dans toute la France qui accueillent chaque année, pendant la trêve hivernale, des personnes de la rue. Initiative paroissiale vieille de seize ans, Hiver solidaire existe, entre autres, à Nantes, Orléans, Paris, Valence, Rennes ainsi que Toulon et Lyon.

Informations communiquées sous réserve de modifications. Renseignez-vous avant de vous rendre aux endroits indiqués.

LE JOUR DU SEIGNEUR – FRANCE 2 (11 HEURES)

3/12 Depuis le mont des Oliviers, Jérusalem. Prédicateur : P. Didier Croonenberghs, dominicain.

10/12 Chapelle Notre-Dame de la Médaille miraculeuse, Paris (VIIe). Prédicateur : P. Camille de Belloy, dominicain.

17/12 Basilique Sainte-Jeanne d'Arc, Paris (XVIIIe). Prédicateur : P. Yves Combeau, dominicain.

24/12 Cathédrale Saint-Pierre, Montpellier (34). Prédicateur : P. Thierry Hubert, dominicain.

MINUIT Basilique Saint-Pierre, Rome. Messe de la nuit de Noël avec le pape.

25/12 Cathédrale Saint-Pierre, Montpellier (34). Prédicateur : Mgr Norbert Turini, archevêque de Montpellier.

MIDI Bénédiction urbi et orbi prononcée par le pape en direct du Vatican.

31/12 Basilique du Sacré-Cœur, Paris (XVIIIe). Prédicateur : P. Jean-Marie Petitclerc, salésien de Don Bosco.

FRANCE CULTURE (10 H 05)

3/12 Chapelle Notre-Dame de la Médaille miraculeuse, Paris (VIIe). Prédicateur : Fr. Régis Morelon, dominicain.

10/12 Église de la Madeleine, Paris (VIIIe). Prédicateur : P. Patrick Chauvet.

17/12 Chapelle Notre-Dame de la Médaille miraculeuse, Paris (VIIe). Prédicateur : Fr. Gabriel Nissim, dominicain.

24/12 Chapelle Notre-Dame de la Médaille miraculeuse, Paris (VIIe). Prédicateur : Fr. Jean-Christophe de Nadaï, dominicain.

MINUIT Église Saint-Christophe de Javel, Paris (XVe). Prédicateur : P. Emmanuel Coquet.

25/12 Chapelle Notre-Dame de la Médaille miraculeuse, Paris (VIIe). Prédicateur : Mgr Bernard Podvin.

31/12 Chapelle Notre-Dame de la Médaille miraculeuse, Paris (VIIe). Prédicateur : P. Bertrand Bousquet.

LIVRES

LA SÉLECTION DE PANORAMA

Dieu a tant aimé le monde

de Jean-Marc Aveline, Éditions du Cerf, 160 p.

Partant de son expérience de vie, l'archevêque de Marseille, fin pédagogue, explique le sens de la mission à la suite de Vatican II : si c'est de l'Église que vient le salut, l'Esprit souffle aussi ailleurs. Une synthèse solide, incarnée, et un appel à suivre le pape François dans un dialogue interreligieux fondé sur la Tradition vivante de l'Église. ■

Odile Landreau

Le coloriage du dimanche 2024, année B

dessins de Tante Menoue, CRER Bayard, 144 p.

Quel enfant ne s'est pas ennuyé à la messe ? Voici la solution pour permettre aux petits de 3 à 8 ans de participer aux eucharisties dominicales. Ce cahier de coloriage illustre tous les évangiles des dimanches de l'année liturgique par de beaux dessins au graphisme contemporain. À la fois pédagogique et récréatif, il accompagne les plus jeunes dans leur découverte de l'Évangile.

Un carnet de tendresse

de Bendo, Nouvelle Cité, 128 p.

Le dessinateur et auteur Bendo est bien connu sur les réseaux sociaux Facebook et Instagram pour sa galerie virtuelle : @bendodessins. Dans ce récit graphique, il retrace son parcours de vie spirituelle. Depuis les tâtonnements de l'enfance et les doutes de l'adolescence, il décrit comment sa foi s'est consolidée en un Dieu proche, amical et tendre, son « ami de chaque jour », comme il l'appelle désormais. ■

Sébastien Antoni

EXPOSITION

Clair-obscur

L'Italie du XVIIe siècle, coll. du musée Rigaud

Vierge à l'Enfant, XVIIe siècle, Carlo Maratti (1625-1713).

Le musée Rigaud révèle dix-sept peintures et dessins intimistes de ses collections conservés en réserve autour de la thématique du clair-obscur (effet consistant à moduler la lumière sur un fond sombre, suggérant ainsi le relief et la profondeur). Le visiteur peut découvrir des œuvres, restaurées pour l'occasion, à scènes religieuses des représentants des célèbres écoles italiennes du XVIIe siècle (Annibal Carrache, Guido Reni…) ou des artistes espagnols qui ont fait carrière en Italie, tel José de Ribera, qui sera copié par le Catalan Étienne Terrus au XIXe siècle. ■

Hélène Roquejoffre, *Le Monde de La Bible*

Jusqu'au 31 décembre 2023 – Musée d'art Hyacinthe-Rigaud, 21, rue Mailly, 66000 Perpignan – www.musee-rigaud.fr

NOS ACTUS

Missel Cléophas 2024

Le missel Cléophas 2024, c'est l'alliance des expertises jeunesse des Scouts et Guides de France et liturgique et spirituelle de *Prions en Église.* Il offre aux jeunes de 15 à 25 ans un outil original, dynamique et très utile pour leur permettre de suivre la messe du dimanche mais également de vivre, en actes, l'Évangile durant leur semaine. ■

Amandine Boivin

Disponible sur : librairie-bayard.com/cleophas2024

CD

Thierry Escaich
Le souffle de l'âme

Collectif, Bayard Musique

Des œuvres de Thierry Escaich (dont la *Messe romane* chantée à Notre-Dame de Paris pour le congrès 2014 Pueri Cantores) alternent avec des pièces grégoriennes. Une jeune génération de musiciens talentueux rend hommage à l'un de ses mentors comme au chant chrétien séculaire qui les inspire tous. Entre tradition et modernité.

Chefs-d'œuvre grégoriens

Collectif, Bayard Musique

Ce double CD propose une sélection des plus belles pièces grégoriennes pour les différents temps de l'année liturgique, chantées dans les communautés religieuses ou les paroisses. Les interprétations sont celles d'authentiques chœurs liturgiques de moines ou moniales, des scholas ou maîtrises. ■

Dominique Pierre

NUMÉRIQUE

En Avent, la gratitude !

Pendant l'Avent, sur l'appli *Prions en Église*, découvrez un parcours spécialement centré sur la gratitude. Chaque jour, une invitation à dire merci nous reconnecte à l'essence de cette saison liturgique. Fini le stress des préparatifs, place à la préparation spirituelle ! Rejoignez-nous pour ce voyage où chaque « merci » renforce notre reconnaissance pour le plus grand des dons : la naissance de Jésus ! ■

Sébastien Antoni

Disponible sur l'App Store et Google Play

Informations communiquées sous réserve de modifications.

RASSEMBLEMENT

Rencontre européenne de Taizé

La 46e Rencontre européenne de Taizé a lieu du jeudi 28 décembre 2023 au lundi 1er janvier 2024 à Ljubljana. Plusieurs milliers de jeunes adultes de différents pays et de diverses confessions chrétiennes se rassemblent pendant cinq jours dans la capitale de la Slovénie, pour rencontrer les communautés ecclésiales locales et commencer la nouvelle année 2024 dans la prière, le silence et le chant. ■ taize.fr/fr

Grand Nord-Ouest

ÉPERNON (28)

DU VENDREDI 1ER AU DIMANCHE 3

Week-end

« Les professionnels en souffrance », animé par Dominique Elshout et sœur Albertine Rakotosoa au prieuré Saint-Thomas.
02 37 83 60 01
reservation@prieure-saint-thomas.fr
www.prieure-saint-thomas.fr

SAINT-JACUT-DE-LA-MER (22)

DU SAMEDI 2 AU SAMEDI 9

Retraite spirituelle

« Vivre en paix dans une fraternité heureuse », animée par P. Jean-Yves Baziou, théologien. Six jours pour explorer les ressources spirituelles menant à la réconciliation et au bonheur, dans la Bible, et chez des témoins du passé ou d'aujourd'hui.
02 96 27 71 19
hotellerie@abbaye-st-jacut.com
www.abbaye-st-jacut.com

REDON (35)

DU VENDREDI 15 AU DIMANCHE 17

Retraite

Deux jours à la maison d'accueil La Roche du Theil, autour de « L'Évangile de saint Marc », déployé au long de l'année liturgique B qui s'ouvre.
02 99 71 11 46
www.larochedutheil.com
•••

... Grand Nord-Est

MOUVAUX (59)

SAMEDI 9

Atelier spirituel

« Pardonner : au-delà de l'impossible. » Une matinée animée par Thierry et Marie-Joëlle Hussenot, membres de la Communauté de vie chrétienne (CVX).
03 20 26 09 61
www.hautmont.org

JOIGNY (89)

DU VENDREDI 15 AU DIMANCHE 17

Halte spirituelle

« Noël approche » Tradition, commerce, folklore… Comment vivre la naissance de Jésus ? Trois jours pour se ressourcer à l'approche de Noël, au centre spirituel Sophie-Barat.
03 86 92 16 40
centre-sophie-barat@rscj.com
www.centre-sophie-barat.com

Grand Sud-Ouest

BORDEAUX (33)

VENDREDI 1ER

Conférence

« Prier à l'école de sainte Thérèse de Lisieux », par le frère Jean-Gabriel, carme, à 19 h 30, à l'Institut Pey-Berland.
05 57 81 74 96
contact@institutpeyberland.fr
www.institutpeyberland.fr

PERPIGNAN (66)

DU SAMEDI 9 AU SAMEDI 16

Semaine de prière accompagnée

Vivre un temps fort au moment de l'Avent, pour apprendre à prier avec la parole de Dieu et en parler avec un accompagnateur spirituel. Une démarche personnelle soutenue par des temps de rencontres en groupes.
perpignan@coteaux-pais.net
www.coteaux-pais.net

Grand Sud-Est

SIMIANE-COLLONGUE (13)

DU SAMEDI 2 AU MARDI 5

Retraite de l'Avent

« L'amour maternel de Dieu est venu jusqu'à nous ; que l'espérance devienne la mélodie de notre cœur », avec sœur Elaiè, abbesse, et Élisabeth Gandy, naturopathe. Quelques jours à l'écoute

de sainte Hidegarde de Bingen, avec une diète végétalienne à l'épeautre.
04 42 22 60 60
benedictins@lioba.com
www.lioba.com

FRANCHEVILLE (69)

DIMANCHE 10

Marche et prière

Une journée, de 8 h 30 à 17 h 30, pour marcher dans les monts du Lyonnais, apprendre à prier avec la parole de Dieu, et célébrer l'eucharistie.
04 72 16 22 33
accueil@chatelard-sj.org
www.chatelard-sj.org

LES HOUCHES (74)

DU MARDI 26 AU LUNDI 1ER JANVIER 2024

Retraite

« Connaître Jésus pour devenir son ami ! » Six ...

ZOOM

Jubilé des apparitions à Paray-le-Monial

Le 27 décembre débute le jubilé pour les 350 ans des apparitions du Cœur de Jésus à sainte Marguerite-Marie Alacoque à Paray-le-Monial (71). Il se déroulera sur un an et demi jusqu'au 27 juin 2025, solennité du Sacré-Cœur, couvrant la période des apparitions. Le recteur du sanctuaire, Étienne Kern, précise : « Le jubilé souhaite lancer deux mouvements : un pèlerinage vers le sanctuaire (une invitation a été lancée à toutes les institutions et paroisses placées sous le patronage du Sacré-Cœur) ; et un rayonnement du message de Paray-le-Monial. En parlant à sainte Marguerite-Marie, Jésus a montré son cœur, feu de son amour. Il lui a aussi prononcé une plainte car il ne reçoit qu'indifférence de ceux qui lui sont consacrés. "Il aime mais il n'est pas aimé", disait saint Claude La Colombière. » Le thème du jubilé « Rendre amour pour amour » est la demande faite par Jésus. « Ce message a une actualité dans le contexte de l'Église : Comment nous, peuple chrétien, pouvons-nous traverser la tempête et participer à la réparation ? », note le recteur. ■

Jean-Baptiste Deau

sacrecoeur-paray.org

... jours de formation sur les fondements de la foi, accompagnés par le P. Jean-Sébastien Tuloup, au Foyer de charité La Flatière.
04 50 55 50 13
retraite@flatiere.org
www.flatiere.org

Île-de-France

PARIS (V^{E})

MERCREDI 6

Conférence

« La Bible dit-elle la vérité ? », par P. Jérémy Rigaux, de 19 h 30 à 21 h 30 au collège des Bernardins. Une enquête historique et des conseils pratiques pour se familiariser avec ce trésor qui offre à chacun une Parole vivante.
01 89 71 34 62
contact@collegedesbernardins.fr
www.collegedesbernardins.fr

VERSAILLES (78)

SAMEDI 16

Retraite d'un jour

Une journée pour revenir à l'essentiel et ouvrir son cœur au don de Dieu, afin de se préparer à Noël, au centre spirituel Notre-Dame-du-Cénacle.
01 42 23 00 50
contact@ndcenacle.org
www.ndcenacle.org

SAINT-PRIX (95)

SAMEDI 9 ET DIMANCHE 10

Retraite en silence

« De la règle de vie quotidienne à la sainteté. » Et si le choix de règles de vie concrètes et quotidiennes constituait un outil pour le quotidien ? Cette retraite, ouverte à tous, permet de découvrir les bienfaits du point concret d'effort « La règle de vie » inscrit dans la charte des Équipes Notre-Dame.
01 34 16 09 10
accueil@massabielle.net
massabielle.net

ENVOYEZ VOS RENDEZ-VOUS À L'AGENDA DE PRIONS EN ÉGLISE : Merci d'envoyer les informations nécessaires 3 mois avant l'événement, sans engagement de publication par la rédaction, à : *Prions en Église*, Agenda, 18 rue Barbès, 92120 Montrouge, ou par e-mail : *prionseneglise@groupebayard.com*

PrionsenÉglise 18, rue Barbès,
www.prionseneglise.fr 92128 Montrouge Cedex.

▶ **POUR CONTACTER LE SERVICE CLIENT : 01 74 31 15 01** – service.client@groupebayard.com
(Préciser : nom + adresse postale + « concerne Prions en Église ».)

▶ **POUR VOUS ABONNER : 01 74 31 15 01** – www.librairie-bayard.com
Bayard, Prions en Église, TSA 60007, 59714 Lille Cedex 9

▶ **POUR CONTACTER LA RÉDACTION : 01 74 31 63 24** – prionseneglise@groupebayard.com

irecteur de la publication : Pascal Ruffenach. Directeur du secteur et directeur des rédactions : Jean-Pierre Denis. édaction : Karem Bustica (rédactrice en chef), Pomme Mignon (rédactrice en chef adjointe visuel, directrice artistique), rédéric Pascal (rédacteur en chef adjoint), Armelle Gabriel (assistante), Nicolas Crouzier (secrétaire général de la édaction), Jean-Baptiste Deau, Cécile Toussaint (1ers secrétaires de rédaction), Véronique Jollé (secrétaire de rédaction), aurent Sangpo, Pascal Redoutey (rédacteurs graphistes), Ania Biszewska (rédactrice photo), Sébastien Antoni (chef de ande rubrique), Anne-Quitterie Jozeau (rédactrice), Agnès Thépot (relations lecteurs). Ont participé : Thibault Van Den riessche. Marketing éditeur et développement : Amandine Boivin. Marketing diffusion et abonnement : Aurore Bertrand irectrice), Sandrine Dos Santos (chef de marché). Direction des terrains catholiques : Cédric Bloquet (directeur). oyages lecteurs : Corinne Miguel. Contrôle de gestion : Tonnumy Ai. Fabrication : Grégory Cervantes. Impression : Maury AS, Z.I. Route d'Étampes, 45330 Malesherbes. Textes liturgiques : © AELF. Chants : © Éditeurs. © Bayard et Novalis. eproduction interdite sans autorisation. *Prions en Église* est édité par Bayard, société anonyme à Directoire et Conseil Surveillance au capital de 16 500 000 €. Actionnaires : Augustins de l'Assomption (93,7 % du capital), SA Saint-Loup, sociation Notre-Dame de Salut. Directoire : Pascal Ruffenach (président), Dominique Greiner, Florence Guémy et Jean-arie Montel (directeurs généraux). Président du Conseil de Surveillance : Hubert Chicou. Dépot légal à parution. CPPAP : 25K86471 - ISSN : 0383-8285. Belgique et Luxembourg : Bayard Presse Bénélux, Da Vincilaan, 1 – 1930 Zaventem. l. : 0800 250 38 (de Belgique, gratuit) ou 800 29 195 (du Luxembourg). Web marché chrétien : librairie-bayard.com. isse : Asendia Press Edigroup SA, Chemin du Château-Bloch 10, 1219 Le Lignon. Tél. : 00 41 22 860 84 02. ail : abobayard@edigroup.ch

***numéro comporte :** Sur la totalité de la diffusion : encart broché "Prions en Église" abonnement rrainage ; encart posé "Prions en Église Junior" ; encart posé "Prions en Église Junior" ; oreillette jetée rions en Église" autopromo. Sur une partie de la diffusion : encart broché "Prions en Église" EB parrainage . 23 ; encart posé "Bayard presse" offre d'abonnement ; encart posé "Le Pèlerin" abonnement ; relance sée "Prions en Église" offre d'abonnement.*

PEFC 10-31-1232
Certifié PEFC
produit est issu forêts gérées rablement et de rces contrôlées. efc-france.org

IMPRIM'VERT

***Prions en Église* agit pour l'environnement**

PETIT FORMAT Origine du papier : Suède. Taux de fibres recyclées : 0%. Origine des fibres : papier issu de forêts gérées durablement. Impact sur l'eau : Ptot 0,007 kg/T.

GRAND FORMAT Origine du papier : Suède. Taux de fibres recyclées : 0 %. Origine des fibres : papier issu de forêts gérées durablement. Impact sur l'eau : Ptot 0,003 kg/T

FR

DÉCEMBRE 2023

ANNÉE A/B

V	1	De la férie	Dn 7, 2-14 ; Lc 21, 29-33
S	2	De la férie ; ou Bse Vierge Marie	Dn 7, 15-27 ; Lc 21, 34-36
D	3	**1er DIMANCHE DE L'AVENT** *(Psautier semaine I)*	Is 63, 16b-17.19b; 64, 2b-7 ; 1 Co 1, 3-9 ; Mc 13, 33-37
L	4	De la férie ; ou St Jean de Damas, prêtre et docteur de l'Église	Is 2, 1-5 ; Mt 8, 5-11
M	5	De la férie	Is 11, 1-10 ; Lc 10, 21-24
M	6	De la férie ; ou St Nicolas, évêque	Is 25, 6-10a ; Mt 15, 29-37
J	7	St Ambroise, évêque et docteur de l'Église *(Mémoire)*	Is 26, 1-6 ; Mt 7, 21.24-27
V	8	**IMMACULÉE CONCEPTION DE LA BIENHEUREUSE VIERGE MARIE** ***(Solennité)***	Gn 3, 9-15.20 ; Ep 1, 3-6.11-12 ; Lc 1, 26-38
S	9	De la férie ; ou St Juan Diego Cuauhtlatoatzin	Is 30, 19-21.23-26 ; Mt 9, 35 – 10, 1.5a.6-8
D	10	**2e DIMANCHE DE L'AVENT** *(Psautier semaine II)*	Is 40, 1-5.9-11 ; 2 P 3, 8-14 ; Mc 1, 1-8
L	11	De la férie ; ou St Damase Ier, pape	Is 35, 1-10 ; Lc 5, 17-26
M	12	De la férie ; ou Bse Vierge Marie de Guadaloupé	Is 40, 1-11 ; Mt 18, 12-14
M	13	Ste Lucie, vierge et martyre *(Mémoire)*	Is 40, 25-31 ; Mt 11, 28-30
J	14	St Jean de la Croix, prêtre et docteur de l'Église *(Mémoire)*	Is 41, 13-20 ; Mt 11, 11-15
V	15	De la férie	Is 48, 17-19 ; Mt 11, 16-19
S	16	De la férie	Si 48, 1-4. 9-11 ; Mt 17, 10-13
D	17	**3e DIMANCHE DE L'AVENT** *(Psautier semaine III)*	Is 61, 1-2a.10-11 ; 1 Th 5, 16-24 ; Jn 1, 6-8.19-28
L	18	De la férie	Jr 23, 5-8 ; Mt 1, 18-24
M	19	De la férie	Jg 13, 2-7.24-25a ; Lc 1, 5-25
M	20	De la férie	Is 7, 10-14 ; Lc 1, 26-38
J	21	De la férie *(St Pierre Canisius, prêtre et docteur de l'Église)*	Ct 2, 8-14 (ou So 3, 14-18a) ; Lc 1, 39-45
V	22	De la férie	1 S 1, 24-28 ; Lc 1, 46-56
S	23	De la férie *(St Jean de Kenty, prêtre)*	Ml 3, 1-4.23-24 ; Lc 1, 57-66
D	24	**4e DIMANCHE DE L'AVENT** *(Psautier semaine IV)*	2 S 7, 1-5.8b-12. 14a.16 ; Rm 16, 25-27 ; Lc 1, 26-38
L	25	**NATIVITÉ DU SEIGNEUR** ***(Solennité)***	nuit : Is 9, 1-6 ; Tt 2, 11-14 ; Lc 2, 1-14 jour : Is 52, 7-10 ; Hb 1, 1-6 ; Jn 1, 1-18
M	26	St Étienne, premier martyr ***(Fête)***	Ac 6, 8-10; 7, 54-60 ; Mt 10, 17-22
M	27	St Jean, Apôtre et évangéliste ***(Fête)***	1 Jn 1, 1-4 ; Jn 20, 2-8
	28	Les saints Innocents, martyrs ***(Fête)***	1 Jn 1, 5 – 2, 2 ; Mt 2, 13-18
V	29	Octave de Noël *(St Thomas Becket, évêque et martyr)*	1 Jn 2, 3-11 ; Lc 2, 22-35
S	30	Octave de Noël	1 Jn 2, 12-17 ; Lc 2, 36-40
D	31	La Sainte Famille de Jésus, Marie et Joseph ***(Fête)***	Gn 15, 1-6; 21, 1-3 ; Hb 11, 8.11-12.17-19 ; Lc 2, 22-40

a coloration des dates correspond aux couleurs liturgiques (vert, blanc, rouge et violet) communément utilisées.
éléchargez le calendrier liturgique sur www.prionseneglise.fr.

« Et le Verbe s'est fait chair,
il a habité parmi nous. »

Évangile selon saint Jean 1, 14

bayard
PrionsenÉglise
www.prionseneglise.fr
DISPONIBLE SUR Google play
Télécharger dans l'App Store
YouTube

4€ (BELGIQUE : 4,40 € - CHF : 6,40 - DOM-TOM ET AUTRES PAYS : 4,50 €)

9 791029 615153